Hermann Ferdinand von Criegern

Der Leumund der Sachsen

Festschrift zur Jubelfeier der 800 jährigen Regierung des Hauses Wettin

über das gegenwärtige Königreich Sachsen

Hermann Ferdinand von Criegern

Der Leumund der Sachsen

Festschrift zur Jubelfeier der 800 jährigen Regierung des Hauses Wettin über das gegenwärtige Königreich Sachsen

ISBN/EAN: 9783743634626

Hergestellt in Europa, USA, Kanada, Australien, Japan

Cover: Foto ©ninafisch / pixelio.de

Weitere Bücher finden Sie auf **www.hansebooks.com**

Der Leumund der Sachsen.

Festschrift
zur
Jubelfeier der 800 jährigen Regierung des Hauses Wettin
über das gegenwärtige Königreich Sachsen,

verfaßt
von

Hermann Ferdinand von Criegern,
Lic. theol., Dr. phil., I. Diakonus zu St. Thomä und Divisionsprediger der II. kgl. sächs. Division Nr. 24.

Leipzig.
Verlag und Druck von Otto Spamer.
1889.

Vorwort.

Den Leumund der Sachsen will nachstehendes Schriftchen verkünden, d. h. es will eine Zusammenstellung von Urteilen darbieten, welche Fremde im weiteren und im engeren Sinne über die Eigenart unsres Volkslebens abgegeben haben. Daß es eine solche Eigenart gibt, ist unzweifelhaft. Denn wie verschiedenartig auch die Urbestandteile gewesen sein mögen, deren Vereinigung im Laufe der Zeit den sächsischen Staat bilden sollten, sie sind wirklich zu einem in sich abgeschlossenen Ganzen verschmolzen. Dazu hat natürlich der Umstand, daß ein Fürstenhaus acht Jahrhunderte lang über diesen Staat herrscht, wesentlich beigetragen, denn dasselbe hat immer einen festen Kern im Leben des Staates gebildet, es hat dem Ganzen seine Eigentümlichkeit erst aufgeprägt und dann dieselbe erhalten helfen, es hat eine heilsame Überlieferung geschaffen, durch welche die Anpassung des Neuen an das Alte sehr erleichtert und der Stoß gewaltiger Zeiterschütterungen aufgefangen ward.

Das Werden dieses großen Ganzen ist auch von andern als von solchen, die unmittelbar davon berührt wurden, beobachtet worden. Desgleichen ist zu allen Zeiten das Gewordene immer bemerkt und besprochen worden; denn Sachsen hat nicht nur als einer der wertvollsten Bestandteile des Deutschen Reiches stets auf dessen Entwickelung einen großen Einfluß gehabt, sondern infolge besonderer Verhältnisse, welche im nachstehenden Werkchen zur Sprache kommen werden, die Augen der gesamten gebildeten Welt in einem weit höheren Grade, als es sein räumlicher Umfang erwarten läßt, auf sich gezogen. Darum haben wir, indem wir den Leumund der Sachsen feststellen, sehr viel Zeugen aus allen Zeiten und Zungen abzuhören.

Dies zu thun, ist eine Arbeit, welche die Mühe lohnt. Denn es ist klar, daß andrer Augen oft in unsern Angelegenheiten besser sehen als unsre eignen. Wenn wir daher auch die Urteile fremder über unser Land und Volk durchaus nicht für unfehlbar erachten dürfen, da sie Zufälliges für wesentlich halten, vorgefaßte Meinungen mitbringen, für sich selbst eingenommen und auf uns neidisch sein können, so ist es doch immer angebracht, daß wir selbst uns prüfen und fragen, ob sie nicht, weil unbefangener, darum richtiger über uns urteilen als wir selbst. Sie können uns sowohl auf Fehler aufmerksam machen, die wir gar nicht bemerken, als auch hohe Vorzüge uns zeigen, deren wir uns noch gar nicht recht bewußt geworden sind; denn Selbsterkenntnis ist und bleibt etwas ungemein Schweres.

Ein solches Verhör nun gerade in einem Jubeljahre vorzunehmen, würde unangebracht sein, wenn man fürchten müßte, daß das Ergebnis die freudige Stimmung gar zu sehr niederdrücken würde. Das aber ist, Gott sei Dank, nicht der Fall; denn wenn wir auch durch die oft recht scharfen Bemerkungen der Fremden auf Schattenseiten im Charakter unsres Volkes aufmerksam gemacht werden, so ist doch im allgemeinen das Bild, welches sie von uns haben, ein entschieden günstiges. So bereiten sie uns denn die hohe Festfreude, daß „uns ein andrer lobt und nicht unser Mund, ein Fremder und nicht unsre eignen Lippen" (Spr. Sal. 27. 2).

Leipzig, im Mai 1889.

Der Verfasser.

Inhalt.

Einleitung.

		Seite
I.	Das Land	3
II.	Die Leute	11
III.	Die Mundart	20
IV.	Die Frauen	24
V.	Dresden	28
VI.	Leipzig	34
VII.	Der Staat	44
VIII.	Das Heer	51
IX.	Das Fürstenhaus	73

Der
Leumund der Sachsen.

I. Das Land.

Die Kultur eines Volksstammes ist wesentlich bedingt durch die Beschaffenheit des Bodens, den er bewohnt und bebaut. Unter diesem Gesichtspunkte sei vor allem hier festgestellt, daß der Boden Sachsens seit je den Ruf großer Ertragsfähigkeit gehabt hat. So fanden ihn bereits im 7. Jahrhundert, als noch die Sorben-Wenden im Besitze des von den Hermundurern verlassenen Landes waren, fränkische Mönche, welche sich jedenfalls schon im Hinblick auf eine zukünftige Eroberung durch die Deutschen mit demselben bekannt gemacht hatten. Sie schrieben nämlich, daß dem Lande der Sorben nur noch Wein, Feigen- und Ölbäume fehlten, um das gelobte Land heißen zu können.[1])

Daher hat später, nachdem das sächsische Land schon durch die Deutschen besiedelt und bebaut worden war, Markgraf Heinrich II. (1123—27) über dasselbe den Ausspruch gethan: Es ist ein blumenreiches Paradies voll Überfluß und Friede,[2]) ein Wort, welches — Gott dem Herrn sei Dank — heute noch der Fürst des Landes über dasselbe wiederholen kann!

In hoch gesteigertem Maße mag das Meißner Land den Eindruck der hohen Kultur gemacht haben, als Kaiser Karl V. auf seinem Feldzuge gegen den in die Reichsacht erklärten Kurfürsten Johann Friedrich den Großmütigen dasselbe kennen lernte. Während er im Jahre 1547 in Meißen weilte, hat er erklärt, daß er das Elbthal zwischen Meißen und Dresden der schönsten Gegend Italiens gleichachte³); und er war doch ein weitgereister Mann, der außer Italien fast das ganze Europa und selbst Nordafrika kannte.

Es bezieht sich dies Urteil Kaiser Karls jedenfalls darauf, daß er die Gegend sehr wohl angebaut fand, wenigstens äußert er ein andermal, daß er nirgends soviel Schlösser beisammen gefunden habe als in der herrlichen Elbgegend Sachsens.⁴)

Überhaupt hat jener Kaiser in Sachsen, nachdem er einmal das Land kennen gelernt, seinem eignen Zugeständnisse gemäß vieles anders gefunden, als es ihm vorher dargestellt worden war.⁵) Es mögen ihm allerdings von seinen spanischen Gewährsmännern, welche von Geringschätzung und Haß gegen alles Deutsche erfüllt waren, sehr ungünstige Darstellungen von diesem norddeutschen Staate gemacht worden sein.

Ihm soll in der durch den Augenschein gewonnenen günstigen Anschauung von Sachsen Cosmo III. von Medici beigestimmt haben;⁶) vielleicht hat er schon eine Ähnlichkeit zwischen seinem heimatlichen Florenz und der Hauptstadt Sachsens, Dresden, gefunden, eine Ähnlichkeit, welche in späteren Zeiten dazu geführt hat, daß man unsrer ebenso schön gebauten als schön gelegenen Landeshauptstadt den abgeschmackten Namen „Elbflorenz" gegeben hat.

Beziehen sich die eben gehörten Zeugnisse über Sachsen mehr auf die Kultur des Landes, so hören wir, allerdings verhältnismäßig spät, auch solche über seine landschaftlichen Schönheiten; ist doch überhaupt der Sinn für Naturschönheit, wie ihn jetzt jeder einigermaßen auf Bildung Anspruch machende

Das Land.

Mensch hat, erst um die Mitte des vorigen Jahrhunderts durch Haller, den Verfasser des Gedichts „Die Alpen" (geboren 1708, gest. 1777), dem reisenden Publikum erschlossen worden. Noch ungefähr 1716 weiß eine geistreiche Touristin vom Meißner Oberlande, durch welches sie allerdings des Nachts bei Mondschein gefahren ist, nichts zu sagen, als daß der Weg voller Schrecken und Gefahren gewesen sei. Der bekannte „Elbantiquarius" von 1741 rühmt zwar die Aussicht vom Königstein, hat aber für die Reize der Umgegend kein rechtes Auge und seufzt:

Das Einzige ist uns bislang noch abgegangen,
Daß in der Nähe man kein Wirtshaus angelegt.[7])

Käme er jetzt wieder hin, er würde vielleicht ausrufen: „die ich rief, die Geister, werd' ich nun nicht los!"

Auch Büsching hat in seiner 1754 vollendeten, für seine Zeit großartigen „Neuen Erdbeschreibung" nichts über die Schönheit dieser Landschaft zu sagen, wie dieselbe überhaupt erst durch den Pastor Nikolai, den Begründer des Schandauer Bades, in Aufnahme gekommen ist. Von ihm an haben Besucher aus aller Herren Länder schon dadurch, daß sie in so ungeheuren Scharen diese Gegend besuchten, Zeugnis dafür abgelegt, daß man an derselben Gefallen findet. Daher gebührt dem genannten geistlichen Herrn der Dank seiner Landsleute nicht nur, denen er eine sehr reichlich fließende Einnahmequelle erschlossen hat, sondern auch aller für Naturschönheit begeisterten Seelen.

Diesen Dank würde man ihm noch freudiger zollen, wenn er nicht an Stelle des ebenso wohllautenden als richtigen Namens „Meißner Oberland" den nicht nur unschönen, sondern auch unzutreffenden Namen „Sächsische Schweiz" aufgebracht hätte, über den sich mit Recht schon der große Geograph Karl Andree entrüstet hat.

Es ist schon lächerlich nicht nur, sondern unrecht, von einer „Hohburger Schweiz" zu reden, da die dieselbe bildenden Porphyrkuppen, welche, an der Nordgrenze des Meißner Hochlandes stehend, den Übergang in die norddeutsche Tiefebene vermitteln, bedeutend genug wären, um eine selbständige Benennung zu führen. Wenn nun aber gar die interessanteste Felsenpartie, welche Sachsen aufzuweisen hat, mit einem geborgten Namen genannt wird, der nicht einmal glücklich gewählt ist, sondern zu einem allemal zu ungunsten unsrer Berge ausfallenden Vergleiche auffordert, so ist das wieder einmal ein Beweis dafür, wohin den Deutschen sein Mangel an Wertschätzung der von Gott ihm verliehenen Gaben und seine Sucht nach fremdländischem Wesen führt.

Nichtsdestoweniger ist die Sächsische Schweiz ein liebliches Stück Erde, was zu besuchen sich wohl lohnt. Daher wird ihm auch von maßgebender Seite das ihm gebührende Lob gezollt, welches natürlich nur ein bedingtes sein kann, einmal, da die Gegend eben nur lieblich und freundlich, aber nicht wild und großartig ist, zum andern, weil sie an einer gewissen Einförmigkeit leidet.

So spricht sich z. B. Daniel darüber folgendermaßen aus:[8]) „Jetzt ist die Sächsische Schweiz eine der besuchtesten Gegenden Deutschlands, mehr ein großartiger Park als eine Wildnis, mit allen Bequemlichkeiten und Annehmlichkeiten in so hohem Grade ausgestattet, daß sich fast jedem Naturgenusse die überfeine Kulturwelt, der man auf Reisen entfliehen will, an die

Das Land. 7

ferſen hängt. Die Nähe des ſchönen Elbflorenz (!), das Silber≈
band der Elbe ſind es ſelbſt, die der Gegend ihren hohen Reiz
verleihen. Die Sandſteinbildungen, die Gründe, ſelbſt die Aus≈
ſichten leiden an einer gewiſſen Einförmigkeit. Von den meiſten
Höhen ſieht man dieſelben Kuppen und Felſen, nur immer
wieder anders geſtaltet, wie etwa die Stühle in einem Salon.
Und mit einem eleganten Boudoir hat die Sächſiſche Schweiz
auch einige Ähnlichkeit.

„Trotz der zackigen Formen, ſpricht Cotta (übrigens ein
Thüringer Kind, am 30. Oktober 1763 auf der Kleinen Zill≈
bach, einem jetzt abgetragenen Forſthauſe in der Nähe von
Eiſenach, geboren und darum voll berechtigter Vorliebe für
die allerdings einzigartige Schönheit ſeines heimiſchen Thüringer
Waldes), machen die ungeſchichteten Porphyrfelſen doch meiſt
einen beſonders gediegenen Eindruck, namentlich wenn man ſie
mit den weit grotesKeren Felſen des Kalkſteins oder Sandſteins
z. B. in der Sächſiſchen Schweiz vergleicht.

„Mir wird in dieſer Hinſicht der Ausspruch eines deutſchen
Monarchen unvergeßlich bleiben, der auf dem Chorſteine des
Tabarzer Felſenthales (am Inſelsberge in Thüringen) in Be≈
wunderung verſunKen und, die Felſenarmut ſeines Landes be≈
Klagend, darauf aufmerkſam gemacht, daß dieſes doch noch
ſchönere Felſenpartien enthalte, höchſt bezeichnend erwiderte:
‚Ja, das iſt doch nur Sandſtein!' Jemand nennt die Sächſiſche
Schweiz die Partie der Damen und der luſtreiſenden jungen
und alten Ehepaare."

Ein ſehr anerKennendes und auch wegen der darin zu Tage
tretenden geſunden Geſinnung beachtenswertes Urteil über das
Meißner Hochland ſpricht Rellſtab aus (1813 preußiſcher

Offizier, zuletzt in Berlin Herausgeber der Vossischen Zeitung, bekannt vor allem durch seinen vielgelesenen Roman: „1812"). Er sagt nämlich in seinen 1842 erschienenen Reiseberichten:*) „Ich habe die frische Erinnerung von zahlreichen Thälern in Salzburg, Steiermark, Tirol und Italien, und doch thut keine dem eigentümlichen Reize des uns so nahe gelegenen Tempe Eintrag; es könnte mitten in die malerischsten Gegenden jener Länder versetzt werden und würde sich dort ebenso gut in seiner Geltung behaupten wie bei uns."

Weiter bemerkt er: „Beim Anblicke der schönsten italienischen Landschaften habe ich mich oft gefragt: Wie, wenn sich von dieser Seite plötzlich das Elbthal aufthäte? Würde man nicht über den holden Reiz oder die romantische Wildheit (?) desselben erstaunen? Würde dies Segment deutschen Bodens, mitten in den Kreis italienischer oder schweizerischer Herrlichkeit gerückt, nicht als einer der schönsten Abschnitte erscheinen?"

Wäre diese Beurteilungsweise allgemeiner, so würden wir auch über andre Teile des Sachsenlandes, vor allem über das Erzgebirge und das obere Vogtland, Zeugnisse haben, welche der hohen landschaftlichen Schönheit dieser Gebirgsgegenden gerecht würden. So aber wird aus älterer Zeit vom Erzgebirge nur der — leider jetzt durchaus nicht mehr so ergiebige — Bergsegen gerühmt. Daß er in ganz Deutschland und darüber hinaus Gegenstand des Erstaunens und wohl auch des Neides gewesen ist, da in der That seiner Zeit die sächsischen Fürsten ihre Macht und ihren Glanz dem Silberbergbau im Erzgebirge verdankten, klingt in dem bekannten Liede Justinus Kerners „Der reichste Fürst" nach, in welchem er den Sachsen sagen läßt:

Das Land.

> Herrlich, sprach der Fürst von Sachsen,
> Ist mein Land und seine Macht.
> Silber tragen seine Berge
> Wohl in manchem tiefen Schacht.

Ein weiteres volkstümliches Urteil über das Erzgebirge finden wir in dem Rheinweinliede des norddeutschen Dichters Matthias Claudius, der über unsre Berge sagt:

> Im Erzgebirge dürft ihr auch nicht suchen,
> Wenn Wein ihr finden wollt;
> Das bringt nur Silbererz und Kobaltkuchen
> Und etwas Lausegold.

Zum Teil sind die Sachsen selbst daran schuld, daß ihr Land nicht hinreichend gewürdigt wird, indem sie z. B. die allerdings rauhe Gegend um den Keilberg (1235 m) das „sächsische Sibirien" nennen. Desgleichen sagt man scherzweise, daß der Teufel, als er dem Herrn Christus bei der Versuchung (Matth. 4) die Reiche der Welt und ihre Herrlichkeit zeigte, die sächsischen Orte Geyer, Thum und Ehrenfriedersdorf nicht mit gezeigt habe, weil diese doch gar zu wenig zum Herrlichen in der Welt gerechnet werden könnten (mündlich). Daß wir in unserm Lande noch viel Schönes haben, was mehr als bisher bewundert zu werden verdient, beweist uns ein Ausspruch Leupolds, der die Gegend um Sachsenburg an der Zschopau für eine der reizendsten in Deutschland erklärt.[10])

Vor einer vorurteilslosen Kritik besteht auch Leipzigs Umgegend. So schildert Zachariä in seinem 1761 in erster Ausgabe erschienenen „Renommisten" das Rosenthal, dessen Bäume zu seiner Zeit noch bis dicht vor das Ranstädter Thor gingen, als einen sehr lieblichen Hain, welcher zum Lustwandeln, namentlich Liebende einlade und durch welchen eine Kahnfahrt nach Gohlis zu machen einen ganz eigentümlichen Reiz gewähre.[11]

Ganz reizlos hingegen erscheint die Gegend um Leipzig dem Franzosen Viktor Tissot, dessen Reisewerk über Deutschland, welches unter dem Titel: „Un voyage au pays des milliards" 1878 in Paris erschienen ist, überhaupt durch den an Verrücktheit grenzenden Ärger über die ungeheuren Fortschritte Deutschlands seit dem siegreichen Kriege von 1870/71 sehr belustigend auf den Leser wirkt.

Es fällt ihm auf dem Wege von Weimar nach Leipzig auf, daß man nicht mehr kleine Thäler und frische grüne Gehölze, nicht mehr lachende Dörfer hinter Baumvorhängen, sondern ein ödes, fast unbebautes Land sieht. Nackte Ebenen entrollen sich vor dem Blicke wie eine Wüste. Alles ist um einen Monat hinter dem Süden zurück, der Holunder ist eben erst erblüht, das Getreide kurz und mager; Pappelbäume, die wie Soldaten in Reih' und Glied dastehen und die Felder zu bewachen scheinen, ersetzen die Fruchtbäume.[12]

Allerdings würde sofort die Gegend ihm wie ein Paradies erschienen sein, wenn ihm zwischen Kötzschau und Markranstädt jemand gesagt hätte, daß man hier aus Preußen heraus und nach Sachsen hineinkomme. Denn wenn er gleich Leipzig wegen seiner Begeisterung für Kaiser und Reich sehr wenig schön findet, so ist ihm doch Sachsen immer noch unendlich lieber als das in seinen Augen über alles hassenswerte Preußen, dessen hohe Bedeutung für die neueste Entwickelung der deutschen Geschichte kaum durch etwas andres so klar dargelegt werden kann, als durch die Lästerungen des durch seine Wut verblendeten Franzosen.

II. Die Leute.

Auf dem Boden nun, den wir jetzt im Lichte fremden Urteils betrachtet haben, lebt ein Volk, welchem von Fremden, die es zu beobachten und kennen zu lernen Gelegenheit gehabt haben, nachgerühmt wird, daß es einen friedlichen und gutmütigen Charakter habe, der sich auch in seiner höflichen Art und Weise des Verkehrs und in seiner gemütlichen Sprache kund thue.

Ein sehr günstiges Bild vom Charakter des sächsischen Volkes entwirft die französische Schriftstellerin Baronin de Staël in ihrem heute noch lesenswerten Buche: „De l'Allemagne", welches, wenn es auch dem deutschen Wesen nicht ganz gerecht wird, doch von einem wirklich tiefen Eingehen, namentlich auf die deutsche Litteratur, Zeugnis ablegt, in welche sie A. W. und F. Schlegel, Werner und Öhlenschläger eingeführt haben, nachdem schon W. von Humboldt, Jakobi, Rambohr, Stapfer u. a. sie für die Beschäftigung mit derselben vorbereitet hatten. Sie also findet, daß, wie in ganz Norddeutschland, so besonders in Sachsen ein lebendiger Glaube an das Evangelium das ganze Volksbewußtsein durchdringe, und führt davon in dem Abschnitt du protestantisme[13]) folgendes Beispiel an:

„Als ich einst (im Jahre 1803 wahrscheinlich) von Dresden nach Leipzig reiste, machte ich am Abend in Meißen Halt, einer kleinen, auf einer Höhe am Ufer eines Flusses gelegenen Stadt, deren Kirche Gräber einschließt, die heiligen Erinnerungen gewidmet sind. Ich ging auf einem freien Platze auf und ab und gab mich jener Träumerei hin, welche der Sonnenuntergang, der Blick auf die Landschaft und das Rauschen der Wogen zu unsern Füßen so leicht in unsrer Seele wachrufen.

Da hörte ich die Stimmen einiger Leute aus dem Volke; ich fürchtete, unpassende Worte zu hören, wie man sie anderwärts auf den Straßen singt, aber wie groß war meine Verwunderung, als ich folgenden Rundreim hörte: „Sie haben sich geliebt und sie sind mit der Hoffnung gestorben, einander wiederzusehen." Glückliches Land, wo solche Gefühle volkstümlich sind, wo sie selbst durch die Luft, welche man einatmet, ein gewisses religiöses Gemeinschaftsleben verbreiten, dessen zartes Band die Liebe zum Himmel und das Mitleid mit der Menschheit sind."

Um sodann einen Beweis von dem vortrefflichen Zustande der öffentlichen Sittlichkeit zu geben, erzählt sie:¹⁴)

„Das Vertrauen ist so groß, daß in Leipzig der Besitzer eines Apfelbaumes, welchen er an einem öffentlichen Spaziergange gepflanzt hat, denselben nur durch einen Anschlag zu schützen braucht, in welchem er bittet, ihm keine Früchte zu nehmen. In zehn Jahren hat man ihm nicht einen Apfel gestohlen! Ich habe diesen Apfelbaum mit Hochachtung betrachtet. Den Bann der Hesperiden hätte man nicht besser schonen können."

Wir dürfen dies Lob insofern annehmen, als in der That ein guter Kern von wahrhafter Frömmigkeit in dem Charakter unsres Volkes enthalten ist. Zunächst weiß jeder, daß in den Volksliedern, an denen die singende Welt bei uns ihr Wohlgefallen hat, der Gedanke an das Wiedersehen, und zwar nicht nur an das nach langer Trennung auf Erden, sondern auch das ewige im Himmel, sehr oft ausgesprochen wird.

Ja, man versenkt sich in denselben gern mit jener Schwermut, die, wenn sie gleich an und für sich schmerzlich ist, doch dem Herzen wohl thut. Man legt sogar diesen Gedanken in Lieder hinein, die ihn an und für sich gar nicht enthalten, wie z. B. das bekannte: „Es ist bestimmt in Gottes Rat", dessen Schluß: „Wenn Menschen auseinander geh'n, so sagen sie auf

Die Leute. 13

Wiederseh'n" dem Sinne des ganzen Gedichts zuwider mit einer solchen Beharrlichkeit vom Wiedersehen nach dem Tode ausgelegt worden ist, daß es sehr gern von Gesangvereinen an Gräbern vorgetragen wird und immer eine gute Wirkung hervorbringt. Allein die Frömmigkeit unsres Volkes ist darum nicht etwa eine bloß allgemein gefühlsmäßige, sondern sie ist eine festgegründete kirchliche. Dies bezeugt unter andern Tholuck, der große hallische Gottesgelehrte, welcher im Gegensatz zu dem unkirchlichen Wesen ganzer Stände und ganzer Landstriche in Deutschland hervorhebt, daß es noch ganze Gegenden des protestantischen Deutschlands gibt, wo aus alter, angestammter Sitte der Kirchenbesuch überhaupt noch jetzt wie früher zahlreich ist, so z. B. Württemberg und manche Gegenden Sachsens.[15])

Wir dürfen, Gott sei Dank, hinzufügen, daß gegenwärtig der Besuch des Gottesdienstes immer mehr gute Sitte geworden ist, nicht nur bei uns in Sachsen, sondern allerwärts. Der Besuch des heiligen Abendmahls ist bei uns nicht so bedeutend wie anderwärts; denn der neueste amtliche Bericht darüber[16]) gibt an, daß 48,2% der evangelischen Gesamtbevölkerung daran teilnehmen, das ist noch nicht die Hälfte, während man in Österreich bei den Evangelischen Augsburgischen Bekenntnisses 110,78, bei denen helvetischen Bekenntnisses 104,76% der Gemeindeglieder an Kommunikanten rechnet.[17])

Indessen steht nicht nur Sachsen, sondern überhaupt jedes Land, in welchem so gut wie alle Einwohner einem Bekenntnisse angehören, in bezug auf die Kirchlichkeitsziffer hinter der Diaspora, d. h. den Ländern, wo ein Bekenntnis nur ganz wenige, vereinzelte Anhänger hat, zurück.

Jedoch wir wollen uns nicht beffer machen als wir find, fondern auch hören, was der Leumund Schlechtes von uns zu fagen hat. Da fpricht uns denn der zwar ftrenge, aber gerechte Mund der Statiftik folgendes Urteil. An unehelichen Geburten kamen laut der angeführten amtlichen Zufammenftellung 16456 auf 134206 Geburten im ganzen, d. i. 12%, alfo fteht Sachfen leider in diefem Punkte nur unter Frankreich und Bayern, fonft aber über allen Ländern, aus welchen ftatiftifche Nachrichten vorliegen. Die Zahl der Ehefcheidungen betrug während der Jahre 1840—49 im Mittel 377 auf 15114 Trauungen, alfo 2,49%, während in Schweden auf 25406 Trauungen 115 gerichtliche Scheidungen, alfo 0,45% und in Belgien auf 30564 Trauungen 30 gerichtliche Scheidungen, alfo 0,098% kamen.[17]) Im vergangenen Jahre betrug die Zahl der Ehefcheidungen bei 27470 evangelifchen Trauungen 754, alfo 2,74%.

Am fchlimmften fteht es in bezug auf die Selbftmorde, denn da müffen wir uns ziffernmäßig nachweifen laffen, daß in Sachfen die Selbftmorde faft am häufigften in der ganzen Welt vorkommen! Der Italiener Bodio gibt an, daß im Jahre 1871 in Sachfen 1114 Selbftmorde vorgekommen find, alfo 391 auf 1 Million Einwohner, in Preußen 4565, alfo 174 auf 1 Million, in Schweden 450, alfo 96 auf 1 Million, in Irland 75, alfo 16,2 auf 1 Million.

So fteht alfo ein Land, in welchem Mordthaten an andern in der letzten Zeit mit leichtem Gewiffen verübt, ja von gewiffen Kreifen gar nicht mehr als Verbrechen angefehen worden find, hinfichtlich der Selbftmorde auf der niedrigften Stufe der fchauerlichen Leiter, auf welcher unfer doch fonft gut beleumundetes Sachfen die höchfte Stufe einnimmt.

Die Leute. 15

Um den traurigen Vorrang hierin scheint sich mit ihm Dänemark zu streiten, wo nach Block für die Zeit von 1856 bis 1865 auf 1 Million Einwohner 288 Selbstmorde kamen, während Sachsen bei ihm erst an zweiter Stelle kommt mit 251 auf 1 Million; an letzter Stelle steht bei ihm Spanien mit 14 auf 1 Million.

Brierre hat noch eine andre Reihenfolge, nämlich an erster Stelle Sachsen-Altenburg mit 303 auf 1 Million, Königreich Sachsen mit 251 auf 1 Million (wie Block), und an letzter Stelle wieder Spanien mit 14 auf 1 Million. In Sachsen wieder hat Leipzig die höchste Zahl, nämlich 4,87 auf 10000 Einwohner; Breslau hat 3,69, Dresden 3,65; an letzter Stelle steht bei ihm London mit 0,84.[18])

Der bereits angeführte statistische Bericht des Landeskonsistoriums gibt die Zahl der Selbstmorde für 1887 auf 1042 bei 3073931 evangelischen Bewohnern an, gegen das Vorjahr wieder eine Steigerung um 35. Dies ist eine traurige Thatsache, welche wir auch im Jubeljahre 1889 uns nicht verschweigen dürfen. Man setzt sie wohl nicht mit Unrecht in innere Verbindung mit dem hohen Grade der Zivilisation in unserm Sachsen, von welcher an anderm Orte die Rede sein wird.

Endlich sei hier noch angeführt, daß den Sachsen etwas Mangel an Wahrheitsliebe vorgeworfen wird. Ein Sprichwort sagt: Meißner, Gleißner;[19]) doch ist dies Wort wohl nur dadurch entstanden, daß der Sachse im Vergleich zu andern Deutschen sehr höflich, zuvorkommend und verbindlich ist. So hat der Sachse denn für seinen guten Willen hier, wie auch sonst oftmals, üblen Dank. Coen faßt sein Urteil über unsern Volkscharakter also zusammen: „Das sächsische Blut ist das schönste in Deutschland, es ist feurig und überaus zärtlich. Der Sinn für Genuß macht die Einwohner in diesem Lande sinnreich, angenehm, höflich und schmeichlerisch, aber zugleich auch wankelmütig, weichlich, plauderhaft, schwelgerisch. Weil die Sachsen mit einer glücklichen Erfindungsgabe begabt sind, so findet man unter ihnen die meisten Poeten und Romanschreiber; sie sind die ersten, welche sich erkühnt haben, deutsche Schauspiele nach dem Muster der Franzosen zu verfertigen u. s. w." (man vergl. Förster, „Friedrich August II., König von Polen und Kurfürst von Sachsen", S. 451).[20]) Der Baron von Loen, bayrischer Abkunft, hat zu Anfang des vorigen Jahrhunderts Deutschland bereist und die Eindrücke, welche er auf dieser Reise empfangen hat, in seinen höchst interessanten „Kleinen Schriften" niedergelegt.

Dem Angeführten dürfen wir nun aber auch andre statistische Notizen entgegenstellen. Da ist hervorzuheben, daß in bezug auf gewisse Verbrechen die Statistik sehr zu gunsten unsres Volkes spricht. So kamen z. B. in Sachsen 1860—63 an Hochverrats- und Majestätsverbrechen auf 100 bei den Schwurgerichten zur Anzeige gekommenen Verbrechen nur 1,90%; in Bayern an politischen Vergehen (Hochverrat, Auflehnung gegen die öffentliche Autorität u. s. w.) 6,47%; an Mord und Totschlag in Sachsen 3% und an vorsätzlicher Körperverletzung 2%, in Bayern an Angriffen auf Leib und Leben andrer 21,29.

Hinsichtlich des Diebstahls stehen beide Staaten ziemlich gleich. Sachsen nämlich hatte 37,25, Bayern 38,78%.[21]) Sodann dürfen wir rühmen, daß wir für fleißig, sparsam und mäßig gelten, und es auch wirklich sind! Über Sachsens Gewerbfleiß sprechen sich alle Volkswirte von Fach durchaus anerkennend aus; hier sei das Urteil eines mit guter Beobachtungsgabe ausgestatteten Laien angeführt, der Sachsen unter August dem Starken kennen gelernt hat, des Barons von Loen. Er sagt: „Viele meinen (in Sachsen), ihr König August besäße das Geheimnis, Gold zu machen. Es ist glaublich, daß, wenn diese Verwandlung des Metalls möglich wäre, dieser König solche besitzen möchte. Ich bin aber der Meinung, daß diese Destillierer, welche er ihre Künste probieren läßt, nichts dazu beitragen, wohl aber die stattliche Handlung, die reichen Bergwerke, der gesegnete Ackerbau und eine Menge Volk, das sich durch Fleiß und Arbeit nährt; das sind Quellen, die nie zu erschöpfen sind."

Mit Staunen spricht Frau von Staël vom Fleiße der deutschen, bez. sächsischen Gelehrten: „Fünfzehn Stunden Einsamkeit und Arbeit jeden Tag und dies das ganze Jahr hindurch, erscheint hier als eine ganz selbstverständliche Art, zu leben." [11]) Dabei rühmt sie ferner, daß sie auf alle Annehmlichkeit des Lebens verzichten und im höchsten Grade bescheiden und einfach leben, wie denn überhaupt die Genügsamkeit der Sachsen geradezu sprichwörtlich ist.

So ist mir in einer norddeutschen Stadt folgendes begegnet. Bei Gelegenheit einer kirchlichen Versammlung, bei welcher ich sehr viel zu thun hatte, wollte ein sehr liebenswürdiger Bürger derselben Stadt mit mir in einer Pause gemütlich frühstücken; ich aber war im Drange der Geschäfte sehr eilig und sagte: „Das Essen ist hier ganz Nebensache!" Darauf sah er mich traurig an und sprach die geflügelten Worte: „Also ihr armen Menschen in Sachsen eßt euch immer noch nicht satt?"

Ein andrer Freund von mir aus Österreichisch-Schlesien

äußerte sein Bedenken, seinen Sohn auf die sonst von ihm hochgeschätzte Meißner Fürstenschule zu schicken, weil er die schmale sächsische Küche fürchtete! Ein Franzose, der gegen Ende des vorigen Jahrhunderts Sachsen bereist hat, findet sie in Dresden bis zur Kärglichkeit gesteigert. Er sagt: „Die Brühen sind in Dresden so dünn, man hat so oft kalte und immer schmale Küche, daß ich glaube, ein Wiener könnte es hier in einem mittelmäßigen Hause nicht vier Wochen aushalten. Ich hatte schon mehr als eine Gelegenheit, zu bemerken, daß auch in den vornehmen Häusern eine Kärglichkeit in Rücksicht auf Küche und Keller herrscht, die man in Österreich und Bayern für eine Entehrung halten würde. Diese strenge Ökonomie erstreckt sich auf alles, was zum Hauswesen gehört, und ich habe noch keine andre Art Luxus bemerken können als die Kleidung, worin der Aufwand im ganzen größer sein mag als in Süddeutschland. Alle vom Mittelstande, Frauen und Männer, sind hier nach der Mode gekleidet, und sie herrscht auch unter einem ansehnlichen Teile der unteren Klasse, wogegen sich zu Wien, München u. s. w. bis weit in den Mittelstand hinein noch eine gewisse Nationaltracht findet. Ich wohne bei einem Uhrmacher, dessen zwei Töchter ihre vollständige Toilette haben und täglich coiffiert werden. Dagegen nehmen sie öfters abends mit einer Butterbemme und allenfalls einem dünnen Schnittchen Schinken fürlieb." Sehr richtig bemerkt er aber: „Weil das Geld meistenteils durch Arbeit gewonnen wird, geht man sparsam damit um."[23]) In Leipzig findet er alles ungleich besser und reichlicher. Ganz im Gegensatze dazu steht das, was von den eigentlichen Sachsen über ihre staunenswerten Leistungen im

Essen und Trinken erzählt wird. Zweifelhaft ist es, welche Bedeutung einer Stelle bei Shakespeare im „Kaufmann von Venedig" beizulegen ist, wo unter den verschiedenen Prinzen, welche sich um die Hand der Porzia bewerben, der Sachse als der dem Trunke ergebene dargestellt wird. Da heißt es:[24)]

„Nerissa: Wie gefällt Euch der junge Deutsche, des Herzogs von Sachsen Neffe?

Porzia: Sehr abscheulich des Morgens, wenn er nüchtern ist, und höchst abscheulich des Nachmittags, wenn er betrunken ist. Wenn er am besten ist, ist er wenig schlechter als ein Mann, und wenn er am schlechtesten ist, wenig besser als ein Vieh. Komme das Schlimmste, was da will, ich hoffe, es soll mir doch glücken, ihn los zu werden.

Nerissa: Wenn er sich erböte, zu wählen*), so schlagt Ihr ab, Eures Vaters Willen zu thun, wenn Ihr abschlagt, ihn zu nehmen.

Porzia: Aus Furcht vor dem Schlimmsten bitte ich dich, setze einen Römer voll Rheinwein auf das falsche Kästchen, denn wenn der Teufel darin steckte, und diese Versuchung ist von außen daran, so weiß ich, er würde es wählen. Alles lieber, Nerissa, als einen Schwamm heiraten."

Zufällig ist diese Charakteristik ebensowenig als die vorausgegangenen Schilderungen des Neapolitaners, des Pfalzgrafen, des Franzosen, des Engländers und des Schotten, welche sich sämtlich um die Hand der Porzia beworben haben, zufällig sind; allein sie bezieht sich wohl nicht auf Sachsen insbesondere,

---

*) Nämlich unter den drei Kästchen, unter welchen der, welcher die Porzia zur Frau bekommen sollte, das von ihrem verstorbenen Vater bezeichnete treffen mußte.

sondern auf die an den gesamten deutschen Höfen der damaligen Zeit herrschende Unsitte des unmäßigen Trinkens, vor allem Zutrinkens. Konnte doch auch Kurfürst Christian II., als er von Rudolf II., bei welchem er in Prag zu Gast gewesen war, Abschied nahm, seinen Dank nicht besser abstatten, als indem er sagte: „Ihre kaiserliche Majestät haben mich gar trefflich gehalten, also daß ich keine Stunde nüchtern gewesen." [25])

Schließlich sei noch erwähnt, daß die Sachsen auch von der allen Deutschen nachgerühmten Treue schöne Züge aufzuweisen haben. Die sächsische Treue besingt nachfolgendes, in seiner Einfachheit tief ergreifendes Volkslied: [26])

Es reist ein Sachse ins fremde Land,
Unterdessen ward sein Schätzchen krank.
Krank hin, krank her bis in den Tod:
Und stirbt mein Schatz, gräm' ich mich tot!
Dann kauf' ich mir ein schwarzes Kleid,
Ja wegen meiner Traurigkeit.
Er trug sein Kleid sechs, sieben Jahr,
Bis daß es ganz zerrissen war.
Zerrissen hin, zerrissen her,
Ich hab' ja keinen Schatz nicht mehr!

III. Die Mundart.

Im genauesten Zusammenhange mit dem Charakter eines Volkes steht seine Mundart. Unsre sächsische soll, wie man allgemein hört, einerseits den Stempel der Gemütlichkeit an sich tragen, anderseits unter allen deutschen Mundarten die verständlichste sein. Beides ist richtig.

Die Mundart.

Das erstere ist der natürliche Ausfluß der in der That vorhandenen gutherzigen und freundlichen Art unsres Stammes; das andre daraus erklärlich, daß bei der allgemeinen Bildung, welche unser gesamtes Volk durchdringt, eine Abschleifung und Verwischung des Volksdialekts eintreten mußte. Wenn diese Vorzüge vielfach nicht nur nicht so, wie sie es verdienen, anerkannt werden, sondern ein Gegenstand fortwährender Neckereien sind, wie man es bei jeder Reise durch andre deutsche Lande erleben kann, und wenn infolge davon unter den Sachsen selbst viele, an der Berechtigung ihrer Mundart irre geworden, sich Mühe geben, dieselbe abzulegen, so sei dagegen darauf aufmerksam gemacht, daß wir von maßgebender Seite höchst ehrenvolle Zeugnisse über unsre Sprache anführen können.

Der Minnesänger Hugo von Trimberg (Anfang des 14. Jahrhunderts) erteilt in seinem „Renner" den Meißnern das Lob einer sorgfältigen Aussprache, und eine alte Priamel des 13. Jahrhunderts sagt: „In Meißen teutsche Sprache gar gut."[27]) Als sodann Luther, der Schöpfer der neuhochdeutschen Schriftsprache, auftrat, fand er an der Sprache, wie sie sich in der sächsischen Kanzlei ausgebildet hatte, eine Schriftsprache vor, in welcher er sich jedem Deutschen verständlich machen konnte. Er selbst sagt darüber:

„Ich habe keine sonderliche eigne Sprache im Deutschen, sondern gebrauche der gemeinen deutschen Sprache, daß mich beide, Ober- und Niederdeutsche, verstehen mögen. Ich rede nach der sächsischen Kanzlei, welcher nachfolgen alle Fürsten und Könige in Deutschland. Alle Reichsstädte und Fürsten schreiben nach der sächsischen und unsres Fürsten Kanzlei. Darum ist es auch die gemeinste deutsche Sprache. Kaiser Max und Kurfürst Friedrich, Herzog zu Sachsen, haben im römischen Reiche die deutschen Sprachen also in eine gewisse Sprache gezogen."[28])

Wenn auch unser Luther hiermit die Ehre, Schöpfer einer neuen deutschen Sprache zu sein, bescheidentlich ablehnt, so ist er es doch! Man vergleiche nur den von ihm als seine Norm angeführten Kanzleistil mit seiner eignen Sprache! Mit Recht nennt daher bereits 1531 der Grammatiker Fabian Franck neben der kaiserlichen Kanzlei Luthers Schriften als Richtschnur der Sprache.[29]) In späterer Zeit wird von dem Baron von Loen, den wir bereits erwähnten, den sächsischen Frauen nachgerühmt, daß man unter ihnen die besten Sprechmeisterinnen finde: „Der liebliche Klang ihrer Stimme macht auch selbst unsre rauhen Töne zärtlich und angenehm."[30]) Schließlich läßt Schiller in seinen „Flüssen" die Elbe sagen:

All ihr andern, ihr sprecht nur ein Kauderwelsch; unter den Flüssen
Deutschlands rede nur ich und auch in Meißen nur deutsch.

Wenn in diesen Worten eine leise Ironie liegt, so enthalten sie doch eine Anerkennung dessen, was in Sachsen durch die Gottschedsche Schule für die deutsche Sprache gethan worden war.

Gegen diese Herrschaft des meißnischen Dialekts hat sich zwar auch Goethe anfänglich erklärt, da er jedem deutschen Dialekt dasselbe Recht darauf, sich in der Litteratur geltend zu machen, zuspricht. Allein je mehr und mehr hat auch er sich ihr gefügt, wie aus der Vergleichung seiner von Erich Schmidt herausgegebenen ersten Faustbearbeitung mit der in seine gesammelten Werke aufgenommenen hervorgeht; und nachweisbar hat der Aufenthalt in Leipzig, vor allem der Umgang mit den Leipzigerinnen, maßgebend auf sein Deutsch eingewirkt.

Sein Zeugnis gegen die Meißner Mundart ist ein sehr geharnischtes, es lautet folgendermaßen: „Mit welchem Eigensinne

Die Mundart.

die Meißner Mundart die übrigen zu beherrschen, ja eine Zeitlang auszuschließen gewußt hat, ist jedermann bekannt. Wir haben viele Jahre unter diesem pedantischen Regiment gelitten, und nur durch vielfachen Widerstreit haben sich die sämtlichen Provinzen in ihre alten Rechte wieder eingesetzt (?). Was ein junger lebhafter Mensch unter diesem beständigen Hofmeistern ausgestanden habe, wird derjenige leicht ermessen, der bedenkt, daß nun mit der Aussprache, in deren Veränderung man sich endlich wohl ergäbe, zugleich Denkweise, Einbildungskraft, Gefühl, vaterländischer Charakter sollten aufgeopfert werden. Und diese unerträgliche Forderung wurde von gebildeten Männern und Frauen gemacht, deren Überzeugung ich mir nicht zueignen konnte. Mir sollten die Anspielungen auf biblische Kernstellen untersagt sein, sowie die Benutzung treuherziger Chronikenausdrücke. Ich sollte vergessen, daß ich den Geiler von Kaisersberg gelesen hatte, und des Gebrauchs der Sprichwörter entbehren, die doch statt vieles Hin- und Herfackelns den Nagel gleich auf den Kopf treffen; alles dies, was ich mir mit jugendlicher Heftigkeit angeeignet, sollte ich missen, ich fühlte mich in meinem Innern paralysiert und wußte kaum mehr, wie ich mich über die gemeinsten Dinge zu äußern hatte." (Aus meinem Leben, Wahrheit und Dichtung, Band IV. der sechsbändigen Cottaschen Ausgabe, S. 92.)

Der Verständlichkeit der sächsischen Mundart gibt ein sehr vorteilhaftes Zeugnis ein Franzose in dem zwar nicht unbedingt, aber in vielen Stücken als Quelle für Kenntnis der damaligen Zustände in den verschiedenen Teilen unsres Vaterlandes brauchbaren Werke: „Briefe eines reisenden Franzosen über Deutschland an seinen Bruder in Paris" (1786). Er sagt daselbst im 41. Briefe:

„Sowie man über die böhmische Grenze ist, hört man eine ganz andre Sprache. Zum erstenmal hörte ich nun das gemeine Volk verständig deutsch sprechen; denn durch ganz Schwaben, Bayern und Österreich spricht man einen Jargon, den einer, der das Deutsche von einem Sprachmeister gelernt hat, ohne besondere Übung unmöglich verstehen kann."

Da die Eigentümlichkeit eines Volkes am reinsten von den Frauen festgehalten zu werden pflegt, müssen wir auch hören, was der Leumund Sachsens über

IV. Die Frauen

sagt. Schon die volkstümliche Redensart, daß in Sachsen die schönen Mädchen auf den Bäumen wachsen, ist nicht nur des Reims wegen entstanden, sondern Ergebnis einer richtigen Beobachtung.

Sodann spricht sich der mehrfach genannte Baron von Loen über die Schönheit und Liebenswürdigkeit der sächsischen Frauen folgendermaßen aus: „Das Frauenzimmer in Sachsen und darunter das meißnische hat etwas Holdseliges und Liebreizendes. Es übertrifft noch die Engländerinnen an Wuchs und Schönheit. Es hat die Feinheit der Französinnen und das Feuer der Italienerinnen. In dem schmeichelhaften Wesen aber geht es allen vor. Es schlägt eben die Augen insgemein nur deshalb nieder, um mit einem geschärften Blicke desto mehr Unheil anzurichten."[31]

Ziehen wir hiervon das ab, was auf Rechnung des nun längst vergangenen „galanten Sachsens" zu schreiben ist, so stimmen wir gern heute noch in das darin den Frauen Sachsens erteilte Lob ein. Haben sie es doch nicht nur dem Baron von Loen, sondern so manchem andern angethan.

Bezeichnend hierfür ist die sprichwörtliche Redensart: „Wer von Wittenberg kommt mit gesundem Leib, von Jena ungeschlagen, von Leipzig ohne Weib, der kann von Glücke sagen"; sowie die 1704 zur 200jährigen Jubelfeier der Universität Wittenberg auf die genannten drei sächsischen Universitäten geschlagene Münze; dieselbe zeigt nämlich den Wittenberger Studenten mit steifer Miene das Bierglas in der Hand, aber das Buch unter dem Arme, den Jenenser mit gezogenem Degen und einer großen Schmarre auf dem Backen, den Leipziger — mit einem entflammten Herzen in der Hand! Die Unterschrift sagt: Trahit sua quemque voluptas.³²)

Desgleichen stellt ein Ausspruch Gottscheds den wilden Jägern an der Saale, d. h. den Jenaischen Studenten, die sanften Schäfer an der Pleiße, d. h. die Leipziger Studenten, gegenüber. Ausschließlich mit diesem Gegensatze beschäftigt sich das als Zeit- und Sittenbild höchst wertvolle Gedicht Zachariäs „Der Renommist", auf welches schon oben S. 7 einmal bezug genommen war. Hier wird am „Raufbold" das nur auf Trinken und Schlagen hinauskommende rohe und wüste Treiben der Studenten auf den kleinen deutschen Universitäten dargestellt, an „Sylvan" hingegen der durch das Leben in der großen Stadt und vor allem durch den Umgang mit gebildeten und liebenswürdigen Frauen verfeinerte, darum aber auch etwas geckenhafte Ton des Leipziger Studenten, und zwar so, daß durch den Waffenerfolg Sylvans über Raufbold deutlich die Vorliebe des Dichters für den ersteren bekundet wird.

Geradezu überschwenglich in seinem Lobe der sächsischen Frauen ist der „reisende Franzose". Er schreibt von Dresden aus (41. Brief): „Je länger ich hier bin, Bruder, um so mehr glaube ich in meinem Vaterlande zu sein. Die Sitten der hiesigen Einwohner, ihre Lebensart, ihre Gebärden, Vergnügungen, der Ton ihrer Gesellschaften, kurz alles versetzt mich nach Haus. Ich wünsche nur, daß unsre Damen, Fräuleins und Mädchen so schön und frisch wären als die hiesigen! Ich erinnere mich, daß eine Österreicherin, als einige Herren in einer Gesellschaft den Sachsinnen eine große Lobrede hielten, denselben zur Antwort gab: ‚Gebt uns nur so schöne und artige Männer als die Sachsen sind und dann laßt uns für das übrige sorgen!' — Das hiesige Frauenzimmer hat nicht nur die Kenntnisse, welche unmittelbar dazu beitragen, seine natürlichen Reize zu erhöhen, sondern auch sehr viel allgemeine Weltkenntnis und, was noch viel mehr ist, schöne Sitten! — Hier gibt es wahre Ideale von Schönheiten! Schlank von Wuchs, frisch von Fleisch und Farbe, rund von Knochen und lebhaft in Gebärde hüpfen die Mädchen daher wie die jungen Rehe, um mit Salomo zu sprechen, an den ich Dich überhaupt verweisen will, denn ich bin wirklich nicht dazu aufgelegt, Dir ein dichterisches Gemälde davon zu geben, ob ich schon noch kein Frauenzimmer gesehen habe, das mich so leicht zu einem hohen Liede entzücken könnte als das hiesige."

Nachdem er bei einigen Landedelleuten in der Umgebung von Leipzig zu Besuch gewesen ist, schreibt er von ihren Töchtern: „Sie sind die artigsten Geschöpfe von der Welt. Ihre natürliche Empfindsamkeit und Lebhaftigkeit nimmt in der Stille des Landlebens gemeiniglich einen romantischen Schwung, der in allen ihren Gebärden, Blicken und Reden sichtbar ist. — Lessings Minna von Barnhelm, die Du ohne Zweifel kennst, hat etwas von ihrer verliebten Schwärmerei; allein ihre charakteristische Laune ist mehr die Art der sächsischen Stadtfräulein. Die Landfräulein überhaupt genommen, haben das Pikante und Neckende der Minna nicht, sondern sind viel nachdenkender und schmelzender, aber alle sind gleich schön, wie die Engel!"

Für höchst bedenklich hält er unter diesen Umständen die Beschäftigung mit leichter und seichter Unterhaltungslitteratur.

„Die Modelektüre", schreibt er, „welche jetzt in Deutschland überhaupt herrscht, nämlich die Komödien und Romane, sind keine gute Nahrung für die von Natur so zärtlichen Landfräulein in Sachsen!" — Da die Blumen der Schönheit, welche er in Sachsen geschaut, ihm gar so gut gefallen haben, bedauert er nur wehmütig das eine, daß sie nicht besser gepflegt werden, um länger zu blühen. „Denn das hiesige Frauenzimmer", schreibt er von den Dresdnerinnen, „scheint geschwinde zu verblühen, denn ich sah wenig Weiber von 30 Jahren, an denen nicht die Spuren des Verwelkens sichtbar waren. Das heftige Temperament mag viel dazu beitragen, vielleicht aber noch mehr die schlechten Nahrungsmittel, verbunden mit der Sorge für das Hauswesen!"

Da das Leben eines Volkes an seinen großen Städten die Mittelpunkte hat, von denen der Strom der geistigen Bewegung ausgeht und nach welchen er zurückflutet, so müssen wir auch hören, was fremde über Dresden und Leipzig sagen. Beide nämlich müssen in gleichem Maße berücksichtigt werden, da das geistige Leben Sachsens nicht einem Kreise gleicht, der sich um einen Mittelpunkt dreht wie das Frankreichs, sondern einer Ellipse mit zwei Mittelpunkten. Welches von beiden Zentren das zentralere sei, ist ein Gesprächsgegenstand, welcher, sowie

Angehörige beider Städte zusammen zu Tische sitzen, stets mit Lebhaftigkeit, häufig mit Erregtheit behandelt wird. Für den Fremden haben sie beide nicht nur immer sehr viel Anziehendes, sondern eine hohe Bedeutung gehabt; es sind Weltstädte, welche weit über die Grenzen Deutschlands hinaus ihren Einfluß ausüben und daher jahraus, jahrein von einer Schar fremder Gäste aus aller Herren Länder besucht werden. Schon dieser Fremdenverkehr an und für sich ist ein Zeichen dafür, was für einen Leumund sie auswärts haben; wir wollen jedoch auch einige einzelne Zeugen abhören, zuerst, wie es die Hochachtung vor der Haupt- und Residenzstadt will, über

V. Dresden.

Schon unter Johann Georg II. ist viel zur Verschönerung Dresdens gethan worden. Kostspielige Bauten wurden unternommen, z. B. das Komödien- (Inventions-) haus, eines der ersten festen und ordentlichen Theater in Deutschland, in welchem hauptsächlich während des Karnevals und bei festlichen Gelegenheiten schon regelmäßige Vorstellungen gegeben wurden; Ball-, Reit- und Schießhäuser zu Dresden; das Schloß wurde prächtig ausgeschmückt, die Kunstkammer vermehrt, der Große Garten angelegt, so daß schon damals Dresden, obgleich zwischen finstere Festungswerke eingeengt, doch dem fremden Besucher als die schönste Stadt Deutschlands erscheint, in der ein frisches, reges Leben pulsiert. So beurteilt es der Franzose Chappuzeau, welcher es 1671 besucht hat.[33]) Jedoch eine Weltstadt ist es durch August den Starken geworden. Von dessen Regierungszeit an ward es der Anziehungspunkt für alle, welche Sinn für höheren Lebensgenuß hatten.

So berichtet der Däne Hoyer, ein Zeitgenosse: „Nur will ich dieses anfügen, daß der Dresdensche Hof von einer unglaublichen Zahl fremder und vornehmer Leute wimmelte, worunter viele junge Edelleute auch aus Holstein waren, die aber zum Teil dieses Vergnügen durch Verspielung großer Summen allzu teuer bezahlten und viele Jahre hernach oder wohl gar ihr Lebtage für diese Kurzweil darben müssen." 34)

Der mehrfach genannte von Loen schreibt 1718: „Die Stadt Dresden scheint gleichsam nur ein großes Lustgebäude zu sein, worin sich alle Erfindungen der Baukunst angenehm miteinander vermischen. Ein Fremder hat schier ein paar Monate damit zuzubringen. Es ist keine Kunst in der Welt zu finden, davon man hier nicht ausnehmende Meisterstücke erblickt." 35)

Ganz entzückt schreibt der „reisende Franzose" von dieser Stadt: „Dresden hat eine stolze Lage und beherrscht auf allen Seiten eine vortreffliche Aussicht. Sie ist ohne Vergleich die schönste Stadt, die ich noch in Deutschland gesehen. Die Bauart der Häuser hat viel mehr Geschmack als die von Wien. Auf der langen und prächtigen Elbbrücke ist die Aussicht bezaubernd ic. Die Sitten und die Art der hiesigen Leute sticht mit den Deutschen, die ich bisher gesehen, noch stärker ab als die Schönheit der hiesigen Straßen und der Geschmack der Gebäude mit den Städten in Schwaben, Bayern, Österreich und Böhmen. Ein ungemein schöner Wuchs, sprechendere Gesichtszüge, eine gewisse Rundung und Leichtigkeit der Bewegungen, eine zuvorkommende Höflichkeit, eine durchaus, bis auf die untersten Volksklassen fortlaufende Reinlichkeit und ein gewisses gesprächiges, zudringliches und einnehmendes Wesen muß jedem, der auf meinem Wege hierher kommt, an den hiesigen Einwohnern stark auffallen."

Dieses Dresden, welches um die Mitte des vorigen Jahrhunderts viel weniger eine deutsche Stadt als eine vorgeschobene Stätte für den Luxus, die Geselligkeit und die Künste des südlichen Europas war, feiert das Epigramm Herders:

> Blühe, deutsches Florenz, mit deinen Schätzen der Kunstwelt,
> Stille gesichert sei Dresdens Olympia uns.
> Phidias-Winckelmann erwacht' an deinen Gebilden,
> Und an deinem Altar sprossete Rafael-Mengs.[36])

Hier ist richtig darauf hingewiesen, was die Größe Dresdens ausmacht: Das Kunstleben! Die Kunst hat hier auf musikalisch-dramatischem Gebiete eine Blütenperiode gefeiert, deren Wirkungen sich weit über das Land hinaus erstreckten. Man denke nur an J. A. Hasse, der von hier aus nicht nur über die Opernbühne eine nur selten und schwach angefochtene Diktatur ausübte, sondern auch von den Italienern, deren Urteil in Musikangelegenheiten damals maßgebend war, als il divino Sassone (der göttliche Sachse) gefeiert ward. Auch Friedrich der Große, der bereits 1740 den Flötenspieler Quanz von Dresden nach Berlin gezogen hatte, schwelgte während seines Dresdener Aufenthalts nach der Schlacht bei Kesselsdorf im Genusse der Hasseschen Musik.[37])

Auf dieser Höhe des Musiklebens fand unsre Hauptstadt auch die mehrgenannte Frau von Staël; überhaupt in ganz Sachsen nimmt sie eine eifrige Pflege dieser Kunst wahr. Jedoch ist sie von den kirchlichen Musikaufführungen in der römisch-katholischen Hofkirche nicht so entzückt, wie es sonst Einheimische und Fremde zu sein pflegen. Denn sie sagt darüber: „Die Kirchenmusik ist in Deutschland weniger schön als in Italien, weil dort die Instrumente alles beherrschen (während in Italien die Vokalmusik die Hauptsache ist). Wenn man in Rom das Miserere nur von Sängern hat vortragen hören, so erscheint jede Instrumentalmusik, auch die der Dresdener Hofkirche, irdisch. Violinen und Trompeten gehören in Dresden beim Gottesdienste zum Orchester, und die Musik ist mehr militärisch als kirchlich; der Gegensatz zwischen den lebhaften Eindrücken, welche sie hervorbringt, und der Andacht in einer Kirche ist nicht angenehm; man soll nicht Lebenslust in der Nähe der Gräber erwecken; die Militärmusik begeistert einen, das Leben zu opfern, aber nicht, sich von ihm innerlich loszulösen.[38])

Zwar ist dies Urteil insofern schief, als auch die päpstliche Kapelle in Rom durchaus nicht lauter Misereres singt (vielmehr geschieht dies nur einmal im Jahre, nämlich in der Karwoche Mittwochs, Donnerstags und Freitags nachmittags); aber das ist wohl möglich, daß Frau von Staël eine nicht nur für ihren, sondern auch für andrer ernster Kunstkenner Geschmack sehr weltliche Musik gehört hat.

Über die Pflege der Malerei sagt sie: „Mehrere bedeutende Maler haben sich in Dresden niedergelassen; die Meisterwerke der Bildergalerie wecken das Talent und den Ehrgeiz." Nachdem sie sodann über die Madonna von Raffael und die Nacht des Correggio ihre Ansicht ausgesprochen, welche mit der allgemein herrschenden nur übereinstimmen kann, hebt sie unter den lebenden Künstlern Hartmann (die drei Frauen am offenen Grabe Christi) und Schick[39]) hervor, dessen Opfer Noä sie als ein ganz besonderes Meisterwerk schildert.

„Die durch die Wasser verjüngte Natur", so schreibt sie, „scheint eine neue Frische gewonnen zu haben; die Tiere sehen aus, als ob sie mit dem Erzvater und seinen Kindern eine

Familie ausmachten, nachdem sie mit ihnen zusammen der allgemeinen Flut entgangen sind. Das Grün, die Blumen, der Himmel sind mit lebhaften und naturwahren Farben gemalt, welche die durch morgenländische Landschaften hervorgebrachten Eindrücke widerspiegeln.

„Mehrere andre Künstler versuchen, sowie Schick in der Malerei, die in der Dichtkunst eingeführte oder richtiger: erneuerte Richtung (die klassische) einzuführen. Aber die Künste brauchen Reichtümer und in Deutschland sind die großen Vermögen in den verschiedenen Städten zerstreut. Bisher besteht der wahre Fortschritt, welchen man in Deutschland gemacht hat, darin, daß man die alten Meister versteht und nachbildet; ein schöpferischer Geist spricht sich noch nirgends aus."[40])

Zu der Pflege der Musik und der Malerei, sowie der schönen Künste überhaupt, in welcher Dresden schon um der in dieser Stadt angehäuften Kunstschätze willen stets einen hohen Rang einnehmen wird, kam in den ersten Jahrzehnten dieses Jahrhunderts auch eine lebhaftere Beschäftigung mit der deutschen Litteratur. Es war damals die Zeit der Romantik, und der Vater derselben, Ludwig Tieck, ward Mittelpunkt des litterarisch angeregten Kreises in Dresden. Die Staël rühmt an seinen Lustspielen, denen sie übrigens die Füglichkeit, aufgeführt zu werden, rundweg abspricht, den gemütvollen Humor; sie weist das nach an seinem „Gestiefelten Kater".[41]) Weit berühmter als durch seine eignen Leistungen ward er durch seine Vorlesungen, welche solchen Weltruf erlangten, daß jeder Fremde, der nach Dresden kam, auch den Hofrat Tieck gehört haben wollte. Da soll es öfters vorgekommen sein, daß Ausländer, die ihm etwas Schönes sagen wollten, laut die Vorzüge der

„Urania" lobten, weil sie Tieck mit Tiedge, dem Verfasser des genannten Werkes, verwechselten.

Viel weniger als von dem Kunstleben ist Frau von Staël von dem geselligen Leben Dresdens erbaut. Sie schreibt darüber:[42]) „Die Natur in der Umgebung der Hauptstadt ist sehr malerisch, aber die Gesellschaft bietet daselbst keine Annehmlichkeiten. Der Glanz des Hofes findet hier keinen Anklang; nur das steife förmliche Wesen macht sich breit." Sie glaubt ferner, die Vorliebe der sächsischen Gelehrten für das zurückgezogene Leben daraus erklären zu müssen, daß die Gesellschaft gar zu langweilig ist.

Schon vor ihr will der Franzose Chappuzeau wahrgenommen haben, daß in Sachsen der Adel, welcher nach Ansicht des „reisenden Franzosen" ebenso arm als zahlreich ist, einen ganz ungemein stark ausgeprägten Kastengeist habe und sich gegen den Umgang und die Verwandtschaft mit Bürgerlichen gänzlich absperre.[43]) Die Staël findet überhaupt in Deutschland ein ängstliches Beobachten der Standesunterschiede, welches in der Unterhaltung zu einer peinlich berührenden Anführung der Titel führt. „Die Sprache der Deutschen", sagt sie, „die in den Büchern so kühn ist, ist in der Unterhaltung eigentümlich geknechtet durch die Titulaturen, mit welchen sie überladen ist. Ich erinnere mich, in Sachsen der metaphysischen Vorlesung eines berühmten Weltweisen beigewohnt zu haben, welcher stets den Herrn Baron von Leibniz anführte; niemals vermochte es die Begeisterung beim Vortrage über ihn, den Titel Baron, der zum Namen eines großen Mannes so wenig paßt, wegzulassen."[44])

Über die Bevölkerung Dresdens insgesamt fällt der Pole Kraszewsky, welcher, nachdem er jahrzehntelang die denkbar duldsamste Gastfreundschaft genossen hatte, in einen Hochverratsprozeß verwickelt und zu zwei Jahren Zuchthaus verurteilt ward, das Urteil, daß von derselben irgend eine politische Erhebung nun und nimmer zu erwarten, da sie ganz und gar nur auf Erwerb und Gewinn gerichtet sei. Er schließt dies daraus, daß auf dem Dresdener Christmarkte auch die Kinder zu Geschäftsleuten werden, indem sie ihren wohlbekannten, durch Ludwig Richters liebliches Bild verherrlichten Handel mit „Feuerrüpeln" aus gebackenen Pflaumen treiben. (Kraszewski, vieczorze Dresdenskie, III.)

Ein wesentlich andres Bild entwerfen die Fremden von

VI. Leipzig.

Was die sprichwörtlichen Redensarten über Leipzig sagen, nämlich: „Wenn Leipzig meine wäre, möcht' ich's in Freiberg verzehren" (aus dem Munde eines sächsischen Fürsten). „Zu thun haben, wie der Leipziger Rat." „Es ist richtig mit Leipzig"; Lipsia vult exspectari (Kanzleitrost für Anstellung Suchende), Lipsia lipsiscit (Luther) läßt darauf schließen, daß man diese Stadt für eine wohlhabende, weil fleißige, und an ihrer Eigenart mit Selbstbewußtsein festhaltende gehalten hat. Dies Urteil ist im ganzen richtig.

Hier findet man Reichtum und Bildung, wie kaum sonst irgendwo in der Welt vereinigt. Denn das kaufmännische Leben hat hier einen seiner Mittelpunkte; nicht minder der Buchhandel, welcher noch bis in dies Jahrhundert hinein, auch in geselliger Hinsicht, als ein von der Kaufmannschaft völlig getrennter Berufszweig angesehen ward. Der Handel Leipzigs ist auch in den Drangsalen des Dreißigjährigen Krieges nicht ganz untergegangen, da selbst Torstenson in richtiger Erkenntnis seiner Bedeutung für das eigne Interesse ihn gegen die nachteiligen Folgen des Krieges zu schützen suchte, so daß die Stadt auch in der Zeit des Krieges „des Landes bestes Asylum und armer Verjagter, Dürftiger und Kranker Apothek und Brotkammer" genannt werden konnte.⁴⁵)

Dabei konnte es nicht ausbleiben, daß mit der Wohlhabenheit auch Prachtliebe einriß. Die Leipziger Bürgersfrauen trugen sich, wie die Kleiderordnung von 1626 rügt, „nicht auf ehrbare deutsche, sondern auf ausländische Manier mit mehrfachen goldenen Ketten, Handschuhen mit Gold und Perlen gestickt, goldenen Dolchen durchs Haar, in Summa so, daß es nicht adligen, sondern gräflichen und höheren Standespersonen gleich ist." Und über die 1631 beim Herannahen der Schweden nach Dresden geflüchteten Leipzigerinnen sagt die Kurfürstin: „Das Weibsvolk von Leipzig thut nichts, denn Hoffart und Pracht in Kleidung herein nach Dresden bringen, damit hier unsre Dresdener Schlappen vollends in ihrem halsstarrigen Sinne wegen übermäßiger Hoffart in Kleidung verstärkt werden."

Hinsichtlich seiner Bedeutung in geistiger Hinsicht galt Leipzig damals für den Mittelpunkt deutscher Wissenschaft und Bildung, auch im Auslande war es dafür bekannt. Der starke Besuch der Universität, über 3000 Studierende, ist das beste Zeugnis dafür, was für eine Meinung man von derselben hatte. Dieser zahlreiche Besuch ist, ganz abgesehen von der Anziehungskraft, welche die Namen einzelner Lehrer ausübten, dem Umstande zuzuschreiben, daß die Stadt mehr als irgend eine andre dem studierenden Jüngling Gelegenheit bot, sich eine allgemeine Bildung anzueignen. Daher sagt Lessing, daß man auf der Universität Leipzigs beinahe nichts so zeitig gelernt habe, als ein Schriftsteller werden.⁴⁶)

Auch für Goethe ist der allgemeine Einfluß des Leipziger Lebens auf sein Denken und Empfinden mindestens ebenso merkbar als der einzelner Lehrer.⁴⁷) Was ihm Leipzig gewesen, ist hinlänglich bekannt. Er hat für diese Stadt das zum geflügelten Worte gewordene Lob im Faust niedergelegt:

> Mein Leipzig lob' ich mir,
> Es ist ein klein Paris und bildet seine Leute.

Dies Lob ist nun freilich nicht nach unserm Geschmack, denn es verrät zu deutlich, daß Goethe, als er es schrieb, immer noch unter dem im Elternhause empfangenen und später auch noch bestärkten Eindrucke stand, als ob die französische Bildung die sei, die auch die Deutschen nachahmen müßten. Allein von dieser Befangenheit, welche der ersten Periode seines dichterischen Wirkens ihren allgemeinen Charakter gegeben hat, ihn zu heilen, ist ihm gerade in Leipzig der Popularphilosoph Clodius behilflich gewesen, welcher ihm wenigstens zum Bewußtsein brachte, welchen Mißbrauch die deutschen Dichter mit der griechischen Götterlehre trieben. Nachdem Clodius eines seiner Gedichte von diesem Gesichtspunkte aus scharf angegriffen hatte, so verwünschte er, wie er selbst sagt, von der Richtigkeit der Clodiusschen Kritik überzeugt, den ganzen Olymp, warf das ganze mythische Pantheon weg und ließ seit jener Zeit höchstens noch Luna und Amor in seinen kleinen Gedichten auftreten.⁴⁸) Clodius selbst war begeistert für Leipzig, das ja überhaupt seinen akademischen Lehrern in jeder Hinsicht stets geboten hat, was ihr Herz nur wünschen kann.⁴⁹)

Ein sehr günstiges Zeugnis stellt eine aus Norddeutschland nach Leipzig gezogene Dame der Leipziger Straßenjugend aus, im Leipziger Tageblatt vom 17. März 1889 IV. Beilage. Sie sagt: „Einen Beweis von Höflichkeit, ja selbst von ritterlicher Gesinnung bei einem Straßenjungen — jenes Wort hier angewendet, mag seltsam scheinen, und ist doch vollauf berechtigt — fand ich in einem kleinen Vorgange, der mir wohl nie aus dem Gedächtnis schwinden wird.

„Auf einem Spaziergange im Rosenthale traf ich zwei vielleicht zehn- und zwölfjährige Knaben, denen die Armut nicht nur an den bloßen Füßen abzulesen war, sondern aus jeder verschliffenen Naht ihrer dürftigen Kleidung, aus jedem Zuge ihrer kränklichen, fahlen Gesichter sprach. Der eine von ihnen trug am Arme einen Korb mit Rosen, die er wohl den Spaziergängern zum Kauf anbot, des zweiten Hand umspannte ein Bündel Schilfstengel mit den daran haftenden braunen Blütenkolben. Ich hatte dies phantastische Gewächs seit langen, langen Jahren nicht gesehen, und eine plötzlich auftauchende Erinnerung an selige Kindertage, denen jede der kleinen Hand nur irgend erreichbare Gabe der Natur, jede seltene Pflanze, jeder absonderliche Stein zum froh begrüßten Spielzeuge wird, erweckte in mir den Wunsch nach einem solchen Kolben. Ich sprach den Knaben darum an, und er reichte mir gleich deren eine größere Anzahl hin: ‚Ja, nehmen Sie nur, ich habe noch genug, kriege auch wieder mehr.‘ Mit zweien war ich zufrieden und zog dann mein Portemonnaie, um ihm eine kleine Spende dafür zu geben. Fünfundzwanzig Pfennig waren's, der Knabe aber weigerte sich, sie zu nehmen, und verstand sich erst dazu, als ich ihm sagte: Nun ich schenke dir ja nichts, du bist ein kleiner Kaufmann, gabst mir deine Ware und nimmst dafür mein Geld. Damit ging ich weiter, doch wenige Schritte nur, da kam mir das Kind schon nachgelaufen, in der Hand eine prächtige rote Rose, wohl die schönste aus seines Kameraden oder auch Bruders Korbe, und bot sie mir mit den Worten dar: ‚Na, dann nehmen Sie wenigstens noch die Rose‘, sprach es und sprang leichtfüßig wieder fort. So manche Rose ward mir in meinem Leben freundlich dargebracht, keine aber hat mich so tief bewegt als diese aus des armen Straßenkindes schmutziger Hand."

So hat denn Leipzig im allgemeinen, seit es einen sächsischen Staat gibt, mit Recht für eine ganz besonders wertvolle Perle in der Krone der Wettiner gegolten. Selbstverständlich aber muß es da, wo viel Licht ist, auch Schatten geben.

Was man an Leipzig zu tadeln gehabt hat, steht im Zusammenhange mit seinem Wohlstande. Zuerst ist dies nämlich der Luxus; doch muß in bezug hierauf sehr viel auf Kosten des Neides geschrieben werden, mit dem andre ärmere Städte diese Stadt immer betrachtet haben. Sodann wird von vielen Reisenden seit den Tagen der Reformation, wo die „Briefe der Dunkelmänner" den geistigen und sittlichen Zustand dieser Stadt in einem überaus trüben Lichte erscheinen lassen, sehr viel nicht wieder zu Erzählendes über das „Leipziger Leben" erzählt; allein wer die Messe kennt, von welcher diese düsteren Sittenbilder meist genommen sind, weiß, daß nicht die Leipziger Bürger, sondern die Fremden es sind, welche das sogenannte „Leipziger Leben" machen. Desgleichen steht im Zusammenhange mit dem Wohlstande der Stadt der viel beseufzte Umstand, daß Leipzig eine teure Stadt ist, was nicht in Abrede gestellt werden kann.

Einen sehr ungünstigen Leumund hat unsre gute Stadt bei Luther, welcher bekanntlich zuerst zur Disputation mit Eck in der Pleißenburg hier gewesen ist. Es mag vor allem die |bei dieser Veranlassung von der Universität ihm entgegengebrachte gänzlich ablehnende Haltung gewesen sein, durch welche sich in seinem Herzen eine so tiefe Abneigung gegen diese Stadt festgesetzt hat, daß er auch später, als sie sich mit Begeisterung ihm anschloß, ihr doch keine Gegenliebe schenken konnte. Daher ist die durch ihre großartigen Messen immer mehr emporkommende Handelsstadt für ihn nur der Typus schnöder Gewinn- und Genußsucht.

In einem seiner Tischgespräche sagt er: "Welch ein Wust ist zu Leipzig! Die ist doch gar im Geize ersoffen!" und in seiner Schrift an die Pfarrherren, wider den Wucher zu predigen (1540): "Ich lasse mir sagen, daß man itzt jährlich auf einem jeglichen Leipziger Markt zehn Gulden, das ist dreißig aufs Hundert, nimmt; etliche setzen hinzu auch den Naumburgischen Markt, daß es vierzig aufs Hundert werden. Pfui doch! Wo zum Teufel will denn zuletzt das hinaus? Das heißen nicht Jahrzinse, auch nicht Mondzinse, sondern Mordzinse, rechter jüdischer täglicher Wucher. Wer nun itzt zu Leipzig hundert Floren hat, der nimmt jährlich vierzig; das heißt, einen Bauer oder Bürger in einem Jahre gefressen. Hat er tausend Floren, so nimmt er jährlich vierhundert, das heißt, einen Ritter oder reichen Edelmann in einem Jahre gefressen. Hat er zehntausend, so nimmt er jährlich viertausend, das heißt einen reichen Grafen in einem Jahre gefressen. Und leidet darüber keine Fahr weder an Leib noch an Ware, arbeit nichts, sitzt hinter dem Ofen und brät Apfel." Endlich ist in einer auf der Leipziger Stadtbibliothek vorhandenen handschriftlichen Sammlung von Tischgesprächen Luthers, die sich 1546 ein Pfarrer in Marienberg oder ein Lehrer der dortigen Lateinschule nach dem Exemplare des Johann Matthesius in Joachimsthal angelegt hat, folgende harte Prophezeiung aus Luthers Munde über Leipzig enthalten: „O Leipzig, du bist ein böser Wurm, Gott wird dich strafen, dich wird ein groß Unglück übergehen. Ich werde es aber nicht erleben, aber die Schüler, die auf der Gassen gehen, werden's erleben, denn

    Finanzerei,*) Hoffart und Pracht
    Straft Gott mit aller Macht.
    Es währt alles seine Zeit.

Ein Beispiel solcher bestraften Gewinnsucht erblickt er in dem Schicksale seines ehemaligen Buchdruckers Melchior Lotter, der ein paar Jahre lang in Wittenberg glänzende Geschäfte mit Luthers Fleiß und Schweiß gemacht hatte, dann aber, vom Kurfürsten nach Leipzig zurückgewiesen, zu einem unbedeutenden Drucker herabsank.[50])

Nach diesem ernsten Zeugnisse gegen die Stadt Leipzig soll noch ein erheiterndes angeführt werden, nämlich das des Franzosen Tissot aus dem Jahre 1878:[51])

„Ich habe", so schreibt er, „wieder einmal wie sonst (vor 1870) einen Tag auf studentische Weise zugebracht, aber ach! wie ganz anders ist es seitdem geworden. Lachende Erinnerungen meiner Jugendjahre, ich habe euch durch die Wolken des deutschen Cabals und der deutschen Wissenschaft hindurch wiedergesehen. Damals klang die

---
*) Finanzerei in der Sprache des 16. Jahrhunderts soviel als „Wucher".

französische Sprache für germanische Ohren wie Musik; sie war der Sesam, welcher dir alle Thüren öffnete; man suchte dich auf, man begegnete dir mit der ausgesuchtesten Artigkeit, man umgab dich mit tausend Aufmerksamkeiten. Sobald der Name Paris genannt ward, drehten sich die deutschen Dickköpfe um, wie die Flügel einer Windmühle, wenn sich der Wind erhebt. Frankreich war das Traumland, das mit Weinreben umkränzte, mit einem goldenen Kleide angethane, auf ein Blumenbeet hingestreckte Wunderland, es war das Morgenland für diese nordischen Völker. Paris sehen und sterben! so klang es von deutschen Lippen! Jetzt — ich will lieber schweigen!"

Sehr unzufrieden äußert er sich über die Leipziger Gasthäuser.

„Selbst in denen ersten Ranges bekommst du Betten ohne Betttücher (Anm.: Wahrscheinlich ist da, wo er eingekehrt ist, das Bett noch nicht überzogen gewesen); wenn du ein Betttuch verlangst, bringt man dir eine Serviette. Die Reisedecke ist für den, der in Preußen reist, unentbehrlich (weil er nämlich glaubt, Leipzig liege in Preußen, ist er von einem solchen Hasse gegen diese Stadt erfüllt). Die Küche steht im Einklange mit dem Übrigen. Sage mir, wie du ißt, und ich will dir sagen, wer du bist. Man muß drei wesentliche Eigenschaften besitzen, um dem Restaurants- und Gasthofsessen in Leipzig Trotz bieten zu können, nämlich keinen allzu peinlichen Begriff von Reinlichkeit, eine jeder Probe gewachsene Geduld und einen Magen wie ein Schiffsbauch. Man möchte schwören, daß alle berühmten Giftmischer sich in Preußen (!) zusammengefunden haben, um daselbst ungestraft ihr Handwerk auszuüben."

Schrecklicher noch als in den Gasthäusern sieht es für ihn in den Familien aus.

„Nirgends ist das Familienleben öder als in den preußischen Provinzen, durch welche ich gekommen bin (von ganz Preußen hat er aber, abgesehen von Berlin, nur die Bahnstrecke zwischen Rackwitz und Berlin kennen gelernt). Abends ist der Mann immer auswärts; von 5 Uhr an sitzt er in der Brauerei oder im Klub, wo er bis 10 Uhr bleibt. Er sucht sich auf der Speisenkarte die besten Gerichte aus, während seine Frau und seine

Kinder unter dem Zepter des ewigen Kaffees dahinleben, außer Sonntags, wo man gewöhnlich eine Landpartie unternimmt und ein vergnügtes Mahl im Freien hält. In den Städten sind die Familienbande dermaßen gelockert, daß nicht selten Herren in der Gesellschaft drei oder vier ihrer früheren Frauen wiederfinden, die infolge häuslicher Umwälzungen zur Thür hinausgeworfen worden sind. Wenn es in der französischen Unterhaltung einen stehenden Gegenstand gibt, so sind es diese Sittenbilder aus Deutschland; aber wieviel falsche Urteile fällen wir immer noch über dieses Land!"

Sodann fehlt den Leipzigern sogar die allereinfachste geschäftliche Ehrlichkeit.

„Alle Erinnerungen daselbst, die Denkmäler, die Volksfeste, alles nährt den Haß gegen den Erbfeind! Wenn du nicht Deutsch kannst, sprich leise! Drohend spitzt man die Ohren bei den wohllautenden Klängen der gallischen Zunge, und die Kaufleute ermangeln nicht, dich zu behandeln wie die Mauren einen Christen, sie geben dir nicht richtig wieder, sondern brandschatzen dich auch noch auf andre Weise, indem sie nämlich den Preis ihrer Waren verdoppeln. Studenten aus Genf und aus Lausanne sagten mir in dieser Hinsicht: Wir wurden die erste Zeit dergestalt bestohlen und ausgeplündert, daß wir genötigt waren, beim Eintritt in ein Geschäft oder eine Restauration zu erklären, daß wir, obgleich wir französisch sprechen, doch Schweizer seien."

Wie die alte Redlichkeit, so ist auch der Glanz der Messe dahin. Tissot sieht auf derselben nur noch einige Verkäufer unter großen roten Schirmen, barfüßige Kinder, welche Hundewagen lenken, einige Bücklingsfrauen, Verkäufer von Wiener Würstchen und — Sarghändler, welche Reklame machen, indem sie mit den Fingern einen Trauermarsch auf dem leeren Kasten trommeln.

„Ich habe", sagt er, „einen Greis gesehen, welcher einen Knoten im Ende seines Schnupftuchs aufband, drei Thaler in die Hand des Sarghändlers fallen ließ und mit seinem Sarge auf dem Rücken davonging."

Dazu bringt er ein aus einer deutschen Zeitschrift entlehntes, das Jahrmarktsleben einer kleinen süddeutschen Stadt darstellendes Bild, durch welches dieser, jedem Kenner Leipzigs völlig unbekannte Sarghandel anschaulich gemacht werden soll.

„In demselben Zustande des gänzlichen Verfalls wie der Handel befindet sich auch die Universität. Zwar sind die Studenten hier etwas gesitteter als in Heidelberg, wo zukünftige Pastoren, Ärzte und Richter wankenden Schritts aus der Kneipe herauskommen, indem sie singen: ‚Grad' aus dem Wirtshaus komm' ich heraus', oder in Jena, wo sie einander im Schlafrock und Hausschuhen Besuche abstatten; auch sind das Augusteum und die daran anstoßenden, der Wissenschaft gewidmeten Gebäude Achtung gebietend; um so weniger aber sind es in seinen Augen die Professoren! Ihre Vorlesungen, welche bereits früh 6 Uhr beginnen (?), sind über alle Begriffe langweilig, obgleich Leipzig die besten Professoren in Deutschland hat, da es sie am besten bezahlen kann. Inhaltlich sind diese Vorlesungen eine Anhäufung von gelehrten Einzelheiten, hinsichtlich der Form das Formloseste, was es gibt. Denn der Professor gibt sich nicht die geringste Mühe, durch eine gewählte klare Sprache zu fesseln, oder den Stoff interessant zu gruppieren; der deutsche Student will es nicht besser haben; er ist zufrieden, wenn ihm der Marmorblock unbehauen, wie er aus dem Steinbruche kommt, dargeboten wird. Sehr gut aber scheint der Appetit der Leipziger Gelehrten zu sein, wenn man sieht, wie sie mit strengen Blicken, einen Haufen Bücher unter dem Arme, im Hofe des Augusteums die fragwürdige Fleischware verschlingen, welche dort unter dem Namen Wurst angeboten wird."

In diesem Tone geht es fort. Zwar halten wir den Franzosen jetzt sehr viel zu gute in dieser Hinsicht, da wir sie nach gutem Brauche unsrer Vorfahren behandeln, welche dem Verurteilten das Recht zugestanden, zwei Stunden lang über seine Richter zu schimpfen. Allein, wenn man mit dem, was der Mann Tissot schreibt, das vergleicht, was 70 Jahre früher die Frau von Staël geschrieben hat, aus deren Feder wir Verschiedenes angeführt haben, dann merkt man mit erschreckender Klarheit, daß Frankreich ungeheuer zurückgegangen ist.

VII. Der Staat.

Treffend bemerkt der als Verfasser geschichtlicher und geographischer Charakterbilder bekannte Grube: „Alle Hauptrichtungen des deutschen Kulturlebens treffen wir im kleinen Sachsen vereint, und es ist, als ob es seine Kraft in dem Maße konzentriert hätte, als unglückliche politische Verhältnisse ein Stück nach dem andern von diesem Lande abgerissen haben. Die glückliche Einheit von Lust an gelehrter Forschung und der Praxis eines regen Fabriklebens, von kaufmännischem Handelsgeiste und musikalischem Sinne, von bürgerlicher Einfachheit und Sinn für äußere Eleganz und Schönheit hat sich das meißnische Sachsenland nicht zerreißen lassen."

So hat es schon in den achtziger Jahren des vorigen Jahrhunderts der wiederholt genannte reisende Franzose gefunden. Während der Engländer Moore den Boden Sachsens für viel fruchtbarer hält als den Böhmens, sagt er ganz richtig, daß es sich umgekehrt verhalte, daß aber der fleißigere Anbau auffallend sei, sobald man den Fuß auf sächsischen Grund und Boden gesetzt hat.

„Man wird gar bald überzeugt, daß die Verfassung dieses Landes dem Feldbau und Fleiß überhaupt günstiger ist als jene von Böhmen. Der Bauer verrät in der Bebauung seiner Felder mehr Überlegung und Verstand als der Böhme und sein ganzes Äußeres bezeugt, daß er kein Sklave ist."

Der Staat. 45

Ganz richtig ist dies nicht, da 1786 auch in Sachsen noch die Leibeigenschaft herrschte; wohl aber waren die sächsischen Edelleute sowohl menschenfreundlich als auch klug genug, ihre Bauern nicht in dem Maße zu drücken, als es in Böhmen geschah. Wahrhaft bewundernswert ist es für den genannten Reisenden, in was für einem vortrefflichen wirtschaftlichen Zustande sich ganz Sachsen befindet.

„Sachsen ist ein herrliches Land, Bruder! Ich habe einen großen Umweg durch das Erzgebirge, über Freiberg, Marienberg, Annaberg und dann über Zwickau und Altenburg hierher (nämlich nach Leipzig) gemacht! Überall Betriebsamkeit und Wohlstand. Es ist, als wenn der hohe Rücken des Erzgebirges und des Thüringer Waldes eine Scheidewand zwischen Licht und Finsternis, Arbeitsamkeit und Indolenz, Freiheit und Sklaverei, Reichtum und Bettelei wäre; vielleicht findet man in der ganzen Welt keinen so auffallenden Abstich zweier Völker, als zwischen den Sachsen und Böhmen, und für diese hat die Natur doch ungleich mehr gethan als für jene!"

Nicht minder auffallend ist ihm der Gegensatz zu Bayern, über welches Land er überhaupt in jeder Hinsicht sehr abfällig urteilt.

Ganz erstaunt ist er darüber, wie Sachsen seinem durch den Siebenjährigen Krieg tief erschütterten Finanzwesen aufhilft:

„Es sind wenig Länder, die nach dem Verhältnisse der Größe so viel eintragen als Sachsen. Es ist wahr, die Auflagen sind groß; allein wenig andre Länder hätten auch Kräfte genug, sie zu tragen; und da die Landeskasse gegen die willkürlichen Eingriffe des Hofes gesichert ist, und die Landstände überhaupt einsichtige Patrioten sind, so werden sie auch wieder zum Besten des Landes verwendet."

Hiermit ist schon angedeutet, was für eine hohe Bedeutung er der Verfassung des Landes für den Wohlstand desselben zuschreibt. Er sagt von ihr ferner: „Man hat es der Verfassung des Landes zu verdanken, daß die Sachsen von einem ganz andern Geiste beseelt sind als die Bayern und Österreicher. Die Gewalt des Fürsten ist eingeschränkter als irgend eines andern Regenten in Deutschland. Die sächsischen Landstände wußten sich durch Klugheit und Mut im Besitz der Rechte zu erhalten, welche die Stände der meisten andern Reichslande mehr durch ihre Nachlässigkeit und Feigheit als durch die Despotie der Fürsten verloren haben." (Dieses Urteil ist einseitig, denn es übersieht ganz die weisen Maßregeln, welche die Fürsten persönlich, aus eignem Antriebe, zum Besten des Landes getroffen haben; deren aber sind namentlich seit Vater Augusts Zeiten sehr viele zu erwähnen.)

Zu den großen Vorzügen Sachsens rechnet er den hohen Stand der Volksbildung, den vor ihm schon Pilati in ganz Norddeutschland beobachtet hat. „Was man zu Wien", sagt er, „in der Normalschule mit so viel Geklatsch erst in Aufnahme zu bringen sucht, das scheint mir hier schon vor einigen Menschenaltern gethan zu sein.

„Ich besuchte vor wenig Tagen eine Landschule unweit der Stadt (Dresden) und fand ungleich mehr Ordnung und wahren Unterricht als in den besten Schulen zu Wien. Die gemeinsten Leute verraten durchaus ungemein viel Kenntnis von Dingen, die zur bürgerlichen Gesellschaft und zum sittlichen Leben gehören, dahingegen ein gemeiner Bürger in Süddeutschland, einige kleine Striche in Schwaben ausgenommen, in seinem eignen Zirkel fremd ist und nichts denkt, als wie er die Woche durch so viel Geld zusammenbringe, daß er am Sonntag schmausen könne." Daher kommt es, daß ihm das Volk in den kleinsten sächsischen Bergstädten, die oft ringsum durch wilde Gebirge von der übrigen Welt getrennt sind, artiger, gesitteter und auf-

Der Staat.

geweckter scheint als in den größten Städten von Süddeutschland. "Die Lektüre ist hierzulande fast allgemein. Geselligkeit und Gastfreiheit begleiten und ermuntern den angestrengten Fleiß. Freiheit, Weltkenntnis, Witz und munterer Scherz machen auch die Gesellschaften von mittlerem Range unterhaltend!"

Auch am öffentlichen Leben ihres engeren Vaterlandes nehmen, wie er wahrgenommen haben will, die Sachsen lebhaften Anteil. Er sagt: "Einer der schönsten und stärksten Züge, wodurch sich die Sachsen vor den Süddeutschen auszeichnen, ist ihre Vaterlandsliebe und ihre warme Teilnahme an allem, was den Staat interessiert. Bis tief in den Mittelstand hinab ist hier jedermann über den Zustand des Landes und Hofes aufgeklärt. Hier hörte ich zum erstenmal das Wort Vaterland mit Nachdruck und einem vernünftigen und edlen Stolze aussprechen.

"Das hiesige Frauenzimmer braucht wie das unsrige die Galanterie zu einem Sporn für die Männer. Es nimmt teil an den Gesprächen von Kriegen, Friedensschlüssen, Unterhandlungen und allem, was sich auf den Staat bezieht. Es lobt seine Offiziere und Truppen und spricht mit großem Vergnügen von den Vorfällen, wo sie sich brav hielten. Die jungen Offiziere empfehlen sich bei ihm, wenn sie sich eine eisenfresserische Miene geben, welches in meinen Augen eben nicht so unbedeutend ist. Mit Verachtung und Abscheu spricht es von den Ministern, die Verräter am Vaterlande waren.

"Der König von Preußen (Friedrich der Große) ist schlecht bei ihm empfohlen; doch spricht es mit Bewunderung von seinen Thaten und stimmt den Männern bei, daß man von jeher würde besser gethan haben, wenn man sich zu ihm gehalten und nie die Partei von Österreich genommen hätte, gegen welches man hier, ungeachtet der Bedrängnisse, welche der König von Preußen das Land fühlen ließ, noch einen stärkeren und allgemeineren Groll hegt als gegen diesen, die Person des jetzigen Kaisers ausgenommen. Kurz, lieber Bruder, es ist mir, als wäre ich mitten unter meinen Landsleuten, wo die Teilnahme am Zustande des Vaterlandes, an den öffentlichen Angelegenheiten und Vorfällen alle Gesellschaften beseelt."[52])

Im letzteren Punkte fand Frau von Staël, welche 30 Jahre später Sachsen bereiste, die Verhältnisse anders. Während sie nämlich sonst ein höchst vorteilhaftes Bild vom Zustande des sächsischen Staates entwirft, glaubt sie, den Sachsen vollständigen Mangel an Teilnahme für das öffentliche Leben vorwerfen zu müssen. Ihre Schilderung ist, wenn auch nicht durchaus frei von Unrichtigkeiten, doch beachtenswert genug, um hier wiedergegeben zu werden.

Sie schreibt:[53])

„Seit der Reformation haben die Fürsten des sächsischen Hauses der Litteratur die edelste Art der Beschützung angedeihen lassen, nämlich die Unabhängigkeit (was sie wiederholt hervorhebt, jedenfalls im Gegensatze zu der scharfen Überwachung der Presse unter Kaiser Napoleon I., welche für sie erst die Beschlagnahme ihres Werkes über Deutschland und dann ihre Landesverweisung zur Folge hatte). Man kann dreist behaupten, daß es in keinem Lande der Welt so viel Bildung wie in Sachsen und Norddeutschland gibt. Hier ist der Protestantismus entstanden, und der Geist der freien Forschung hat sich kraftvoll aufrecht erhalten.

„Die Kurfürsten-Könige von Polen haben die Künste mehr als die Litteratur geliebt, welcher sie nicht hinderlich waren, welche ihnen aber fremd war. Die Musik wird in Sachsen allgemein gepflegt; die Dresdener Galerie vereinigt in sich Meisterwerke, an denen sich die Künstler begeistern müssen; aber die Gesellschaft bietet daselbst keinen Reiz (s. o.).

Der Staat. 49

„Aus der Menge von schriftstellerischen Erzeugnissen, die in Leipzig verkauft werden*), kann man abnehmen, wieviel Leser die deutschen Bücher haben; die Arbeiter aller Klassen, selbst die Steinmetzen ruhen sich von ihrer Arbeit mit einem Buche in der Hand aus. Man kann sich in Frankreich keine Vorstellung davon machen, bis zu welchem Grade die Aufklärung in Deutschland verbreitet ist. Ich habe Gastwirte und Chausseegeldeinnehmer gesehen, welche die französische Litteratur kannten. — Allenthalben gibt es in ganz kleinen Städten sehr bedeutende Männer der Wissenschaft; aber außer um ihre Studien kümmern sie sich um nichts in der Welt, die Öde und Leere des gesellschaftlichen Lebens läßt sie die Zurückgezogenheit lieben.

„Die unbeschränkteste Preßfreiheit herrscht in Sachsen, aber sie hatte für die Regierung bisher keinerlei Gefahr, da der Geist der Gelehrten sich nicht der Beurteilung politischer Einrichtungen zuwandte; die Einsamkeit bringt es mit sich, daß man sich dem reinen Erkennen oder der Dichtkunst zuwendet; man muß im Brennpunkte der menschlichen Leidenschaft leben, um das Bedürfnis, sich ihrer zu bedienen und sie zu lenken, zu empfinden. Obgleich also die sächsische Regierung der Verfassung nach nicht frei, sondern durch landständische Vertretung beschränkt war, so war sie doch in der That frei, nämlich durch die Gewohnheiten des Landes und durch die maßvolle Haltung der Fürsten.

„Sachsen befand sich im Zustande völligster Ruhe; man machte wohl im Lande einige Male Lärm um gewisser Ideen willen, aber ohne an ihre Anwendung auf das wirkliche Leben zu denken. Es schien, als ob man sagen wollte, daß Denken und Handeln gar nichts miteinander zu thun haben. Die Wahrheit ähnelt bei den Deutschen den Hermen, welche weder Hände, um etwas zu ergreifen, noch Füße, um vorwärts zu schreiten, haben. Trotzdem gibt es nichts Achtungswerteres als diese friedlichen Eroberungen des Gedankens, welche vereinsamte, vermögens- und machtlose, nur durch die gemeinsame Geistesarbeit untereinander verbundene Menschen unausgesetzt beschäftigen.

---

*) Urteilen die Buchhändler heute noch ebenso?

„Die Städte, wo die Gelehrten wohnen, sind in Sachsen auch diejenigen, in welchen am meisten Wohlwollen und Einfachheit herrscht. Man sieht sonst allenthalben die Litteratur als eine Zugabe zum Luxus an, in Deutschland scheint sie ihn auszuschließen. Die Geschmacksrichtung, welche sie einflößt, verleiht eine Art von Unschuld und Furchtsamkeit, welche Vorliebe für das häusliche Leben hervorbringen. Nicht daß schriftstellerische Eitelkeit bei den Deutschen keinen ausgesprochenen Charakter hätte; aber sie bemüht sich nicht um Erfolge im gesellschaftlichen Leben. Der kleinste Schriftsteller rechnet auf die Nachwelt, und indem er sich nach seinem Wohlgefallen im grenzenlosen Raume der Gedanken entfaltet, wird er von den Menschen weniger gestoßen und erbittert sich weniger gegen sie.

„Die Männer der Wissenschaft und die der staatsmännischen Geschäfte sind in Sachsen zu weit voneinander getrennt, als daß sich daselbst eine wirkliche öffentliche Meinung bilden könnte. Aus dieser Trennung ergibt sich, daß die einen eine zu große Unwissenheit in den wirklich vorhandenen Sachen haben, als daß sie irgend welchen Einfluß auf das Land ausüben könnten; und daß die andern ihren Ruhm darein setzen, einen gelehrigen Macchiavellismus zu zeigen*), welcher über erhabene Gefühle als über Kindereien lacht und jenen sagen will, daß sie eigentlich gar nicht von dieser Welt sind."

Manches Wahre ist in diesem Urteil. Selbst in der neueren Zeit, als Sachsen 1831 eine neue Verfassung bekommen hatte, wollen etliche bemerkt haben, daß das Interesse der Sachsen für das öffentliche Leben ihres Staates kein reges wäre, und erklären dies einerseits daraus, daß die so unglücklichen politischen Ereignisse die Lust an der Beschäftigung mit dem Staatsleben den Sachsen verleidet habe, anderseits daraus, daß das Volk die Verwaltung in so guten und tüchtigen Händen weiß, daß es keinen Anlaß findet, sich selbst viel darum zu kümmern.

---

*) Soll wohl heißen: sie wollen, bei großer Gewandtheit und Tüchtigkeit in Staatsgeschäften, die unumschränkte Macht der Fürsten über das Volk zur Geltung bringen.

VIII. Das Heer.

Zur Aufrechterhaltung des Staates ist die bewaffnete Macht notwendig. Was die unsres Landes im Laufe der Zeit gethan, ist bedeutend genug gewesen, um auch für fremde Gegenstand der Aufmerksamkeit zu werden. Als erstes Zeugnis hierfür möge das stehen, was wir über die Beteiligung der Meißner an den Kreuzzügen wissen.

Da lesen wir in einem, wahrscheinlich zu Anfang des 14. Jahrhunderts entstandenen alten deutschen Gedichte: „Des Landgrafen Ludwig des frommen Kreuzfahrt", bei einer ausführlichen Schlachtbeschreibung, daß sie auf Berichten des meißnischen Ritters Günther von Biberstein, der selbst mit dabei gewesen, beruhe; derselbe ist nachmals nach Schlesien übersiedelt. Ein andrer Gewährsmann, Herr Ulrich von Maltitz, hat ihm folgendes erzählt. Um die Mauern einer belagerten Stadt (nicht Akkon, wie in dem Gedichte steht) zu zerstören, haben die Belagerer ein Wurfgeschütz herangebracht und fügen den Belagerten empfindlichen Schaden zu. Diese beschließen einen Ausfall, um die nächsten Werke zu zerstören. Das Thor wird geöffnet, die Brücke niedergelassen und, mit starken scharfgeschliffenen Holzäxten bewaffnet, schreitet eine zahlreiche Schar herüber. Burggraf Burkard von Magdeburg hat die Wache bei den Werken; bei ihm liegen die meißnischen Ritter Burggraf Heinrich von Dewin (Döben bei Grimma) mit fünf seiner Ritter, der biedere von Torgau, der Herr von Arnshaug, der Vogt Dietrich von Freiberg, Herr Ulrich von Maltitz und Herr Ludwig von Meidlitz; im ganzen 200 Mann. Als die Sarazenen sich anschicken, die nächstliegenden Werke umzuhauen, hebt Burkard die Wacht auf und sagt: „Zu lange haben wir ihnen den Ruhm gelassen, säumt nicht länger, vorwärts!" Alle waren dieser Meinung, und da die Heiden zu Fuße fochten, wollten auch die Christen unberitten mit ihnen streiten. Als die Feinde den Burggrafen Burkard mit den Seinen herandringen sahen, ließen sie von dem Zerstörungswerke ab und stellten sich gegen die Christen auf. Da erging zu Fuß mancher harte Tjost (ritterlicher Zweikampf) mit Verlusten auf beiden Seiten, aber die Heiden trugen den Lohn für ihren tollkühnen Ausfall davon, denn der edle Burkard stritt ohne Furcht männlich und ritterlich, verwundete und tötete viele, gleich ihm der von Döben und die gesamten Gottesstreiter. Zwar wehrten sich die Heiden tapfer, wollten nicht vom Platze weichen, fällten und verwundeten viele Christen, allein schließlich ward doch der größte Teil der Feinde erschlagen, und der Rest, darunter der schwerverwundete Anführer der Heiden, der Stadtgraf Dimitter (Demetrius), fiel in die Hände der Christen, welche ihre Leise: „Helf uns das heilige Grab" Gott zu Lob sangen.[54])

Im Anschlusse hieran seien die Thaten unsrer Sachsen in dem Kampfe des Deutschen Ritterordens gegen die heidnischen Preußen erwähnt. Nachdem 1229 ein großer Teil dieses Ordens dem polnischen Herzoge Konrad von Masowien gegen die genannten heidnischen Preußen zu Hilfe gezogen war, machte sich 1237 Heinrich der Erlauchte mit 500 Mann nach dem Nordosten auf. Er zeichnete sich in diesem Kampfe, welcher mehr bleibenden Nutzen für das Reich Gottes sowie für das Deutsche Reich geschafft hat, als irgend ein Kreuzzug, rühmlich aus, rüstete sogar zwei Schiffe, den Pilgrim und den Friedland, gegen die Seeräuber auf der Ostsee aus und ließ an der Meeresküste zwei Schlösser, Elbingen und Balga, bauen. Möglicherweise hat ihn Hermann von Salza, der Hochmeister des Ordens, ein geborner Thüringer, für das Unternehmen gewonnen.

Auf einen ganz andern Schauplatz versetzt uns das Zeugnis des alten tschechischen Chronisten, dessen gewöhnlich dem Dalimil zugeschriebene Geschichte seines Volkes bis zum Jahre 1314 geht. Natürlich hat er bei seinem panslawistischen Hasse gegen alles Deutsche nicht viel Gutes von den Waffenthaten unsrer Vorfahren zu berichten, allein wir haben uns an ein solches Urteil nicht weiter zu kehren. So erzählt er, daß König Wratislaw gegen den Wendenfürsten und den Markgrafen von Meißen gezogen und natürlich beide aufs Haupt geschlagen hat.⁶⁵) Als sodann die Sachsen seinen Sohn Bracislaw beim Baden überfallen wollen, werden sie von dessen ebenso weisem als tapferem Begleiter Zderad zurückgeschlagen.

Doch ist es immerhin beachtenswert, daß bei dieser wie bei andern Gelegenheiten, welche alle nur für die tschechischen Waffen günstig sind, gesagt wird, „die Tschechen hätten ihren Schaden und ihre Schande gerächt", woraus deutlich hervorgeht, daß sie auch einmal Schaden und Schande gehabt haben, gleichwie es dem Daheimkorrespondenten Herrn von Schlägel, der 1870 in Bitsch gefangen saß, auffallen mußte, daß die Schlachtfelder, auf welchen, nach den Erzählungen der französischen Offiziere, die deutschen Armeen vernichtet sein sollten, immer weiter von der deutschen Grenze nach Paris zu lagen.

Da die Mark Meißen lange Zeit in einem sehr lästigen Lehnsverhältnisse zu Böhmen stand, welches erst nach und nach mit vieler Mühe gelöst worden ist, so entbietet König Ottokar von Böhmen den Markgrafen von Meißen gegen Friedrich von Österreich; allein die Böhmen schlagen diesen allein, ohne der Meißner Hilfe. Davon, daß in der Schlacht auf dem Marchfelde 1278 Meißner und Thüringer Truppen im Heere Ottokars von Böhmen gegen Rudolf von Habsburg fochten, ist in der Chronik gar nichts erwähnt.

Ein andermal nehmen die Meißner, von einem mit seinen Herren zerfallenen Fürsten, wie es scheint König Johann, herbeigerufen, die Stadt Prag ein, natürlich auch nur durch Verrat, welchen die mit ihnen im Einvernehmen stehende Partei übt. Den der Gegenpartei zu Hilfe eilenden Witek sperren sie durch eine vor die Straße gezogene Kette ab, diese wird jedoch durch Sudek zerhauen(?). Da der Fürst aber ihnen die Burg übergibt, so verüben sie von dort aus allerlei Greuel an den unglücklichen Tschechen. Kann ein Bauer ihnen keinen Hafer geben, so schlagen sie ihn tot; andern schneiden sie die Hände auf, ziehen Roßhaare durch die Wunden und führen sie an diesen auf das Schloß. Der Fürst lacht dazu. Aber Wilem Zajic (möglicherweise ursprünglich ein Deutscher, Namens Wilhelm Hase, da bekanntlich die gewaltigsten Panslawisten stets deutsche Überläufer waren), „ein aufrichtiger Freund seiner Sprache", erbarmt sich seines armen Volkes, stellt sich an die Spitze der deutschfeindlichen Partei und drängt sie in die Burg zurück. „Während dieses Kampfes gingen die tschechischen Bürger in Scharen auf den Straßen, die deutschen saßen in ihren Häusern." Im Anhange zu Dalimil ist noch erzählt, daß derselbe Zajic den Meißnern an der Elbe eine schwere Niederlage beibringt.[56]) Bei der bekannten Parteilichkeit der tschechischen Schriftsteller können wir nichts andres erwarten.

Ganz in dem Tone der von ihm herausgegebenen Chronik Dalimils spricht Viktor Hanka in der von ihm selbst angefertigten sogenannten „Königinhofer Handschrift". So wird in dem Gedichte Benesch Hermanov zuerst erzählt, wie die Sachsen plündernd durch das unglückliche Böhmerland ziehen, Gold und Silber den armen Leuten nehmen und ihre Hütten in Brand stecken; dann aber tritt ein Held, Benesch Hermanov auf, welcher heimlich die Erhebung des ganzen Landes organisiert, sich den Sachsen in einer Schlacht gegenüberstellt und sie dadurch besiegt, daß er sie in einen Steinbruch lockt, wo sie durch die tapferen Tschechen, mit von obenher herabgewälzten Steinen zermalmt werden.[57])

In Frankreich haben Sachsen im Mittelalter mit Ruhm gefochten. In den dreißiger Jahren des 14. Jahrhunderts nämlich ist Friedrich der Ernsthafte auf Geheiß seines Schwiegervaters (des Kaisers Karl IV.) mit einem Heere zu den Truppen König Eduards IV. von England gestoßen, um ihn gegen den König Philipp von Valois zu unterstützen. Wenn auch Hauptschlachten in diesem Kriege nicht vorgekommen sind, da der Franzose solchen auswich, so haben sich doch die sächsischen Truppen gut gehalten, wie aus den ihrem Führer vom Kaiser erteilten Ehren hervorgeht.[58])

In das 15. Jahrhundert fallen die Hussitenkriege, an welchen meißnische Truppen erklärlicherweise einen hervorragenden Anteil nahmen. Wenn wir auch nicht erwarten dürfen, aus jener für ganz Deutschland so unglücklichen Zeit Nachrichten über Siege unsrer Landsleute zu hören, so müssen doch dieselben ihren Feinden tüchtig zu schaffen gemacht haben. Wenigstens waren selbst die gemäßigteren unter den Hussiten von solchem

Hasse gegen die Meißner erfüllt, daß sie dem Könige Sigismund anboten, sie wollten ihm Prag verschaffen, wenn er ihnen die Meißner preisgeben wollte.⁵⁹) Was für grausame Rache sie an ihnen genommen haben würden, das auszudenken, muß schon mit Schaudern den erfüllen, der die hussitische Kriegführung einigermaßen aus der Geschichte kennt! Der Grund dieses Hasses aber war der, daß die Meißner am 13. Juli 1420 den Galgenberg bei Prag, auf welchem sich Ziska verschanzt hatte, gestürmt hatten; leider konnten sie sich nicht im Besitze desselben behaupten, da ein Ausfall der Taboriten aus der Neustadt sie zum Rückzuge zwang.⁶⁰)

Das nächste Jahr, 1421, brachte den Sachsen einen noch glänzenderen Erfolg, nämlich die Entsetzung der Stadt Brüx. Die 1420 darin gelassene meißnische Besatzung war daran, sich dem Feinde, welcher in seinem wilden Hasse ihre Ergebung gegen Zusicherung des Lebens anzunehmen abgelehnt, bedingungslos zu überliefern, als Markgraf Friedrich zum Entsatz anlangte. Hier erlitten die Hussiten durch die Meißner eine entschiedene Niederlage, die erste in diesem Kriege. Darauf nahm Friedrich für den König den ganzen Leitmeritzer Kreis ein, doch konnte er schließlich ihn nicht halten, da das Reichsheer gar keinen Erfolg erzielte.

Einen für den guten Geist der Sachsen sprechenden Zug aus jener Zeit finden wir bei dem für die Hussiten sehr günstig gestimmten Theobald aufbewahrt.⁶¹) Friedrich der Sanftmütige war nämlich 1438 nach vergeblicher Belagerung von Tabor durch die Deutschen unter kaiserlichem Geleite abgezogen und befand sich mit seinen Truppen tief im böhmischen Mittelgebirge, als eine Schar von tschechischen

Das Heer.

Edelleuten und Städtern den Plan faßte, ihn zu überfallen und zu vernichten.

„Derhalben", so heißt es nun wörtlich bei Theobald, „waren die Meißner in sorchten, weil sie zwischen dem eingenommenen Gebürg in einem frembden Land mit irem geschwornen Feinde streiten sollten. Doch zuletzt, wenn es ja nit anders seyn könnte, schlussen sie, sich ehrlich zu wehren und ire Haut theuer genug zu verkauffen. Derhalben da sie zwischen der Stadt Brüx und Bilin bei dem Dorff Selnitz angriffen werden, schreyt einer den andern frisch an und wehren sich als Leut, so entweder den Tod oder ein ärgers als den Tod selbsten, gefängnuß, zu gewarten hatten, und indem sie sich in einer so guten Sach ritterlich wehren, stehet Gott und das Glück inen auch bey, daß sie mit Gebürg und feindlichem Heer verschlossen, durch Tugend einen Weg machen, ire Feind auff's Haupt erlegen, deren ein große Anzahl auch gefangen mit sich heim geführet haben. Man habe ein gute Sache, ein gut Gewissen, bete fleißig zu Gott, es wird dann gehen nach Gottes Willen; es ist gewiß: Frevel thut kein gut."

Im allgemeinen war in diesem ganzen Kampfe nicht viel Ehre zu holen, da dem unwiderstehlichen religiösen und mehr noch nationalen Eifer der Tschechen auf deutscher Seite Lauheit, Mißtrauen und Mißgunst gegen das Haus Habsburg und innere Uneinigkeit gegenüberstanden. Für letztere ein Beispiel.

Nachdem die Deutschen die Belagerung von Mies durch den von den Hussiten gebrachten Entsatz aufzuheben genötigt worden waren und auf dem Rückzuge 10000 Mann verloren hatten, ward der Meißner Markgraf Friedrich von dem Brandenburger Friedrich, dem wiederum verräterisches Einverständnis mit den Pragern nachgesagt ward, beschuldigt, zuerst auf die Flucht bedacht gewesen zu sein, weswegen er auch mit dem geringsten Verluste an Leuten davongekommen sei. Beim Rückzuge selbst fielen die verschiedenen deutschen Kontingente plündernd übereinander her; daher mußte im Tachauer Walde Graf Heinrich von Schwarzburg den sächsischen Wagenzug gegen Brandenburger verteidigen.[62]) Zudem standen die Deutschen, wie der englische Kardinal Heinrich von Winchester richtig bemerkt, gegen die Tschechen deswegen im Nachteile, weil es ihnen an organischer Gliederung und Taktik fehlte; darum sind Hunderttausende in diesen Kämpfen nutzlos hingemordet worden, während mit wenigeren, aber kriegsgeübten Leuten wohl etwas auszurichten gewesen wäre. Allein wenn auch also in den Hussitenkriegen nicht viel auf deutscher Seite geleistet worden ist, so können doch die Sachsen von dem, was geleistet worden ist, weitaus den größten Teil für sich in Anspruch nehmen.

Gegen Ende desselben Jahrhunderts sehen wir sächsische Truppen im Westen des Reiches gegen Karl den Kühnen von Burgund kämpfen, sowie im Südosten gegen die Ungarn und im Norden gegen die Friesen. Sie waren geführt von Albrecht dem Beherzten, von dessen Heldenruhm später die Rede sein wird.

Im 16. Jahrhundert haben sie sich tapfer gegen die Türken, den Feind der Christenheit, gehalten, u. a. an der Belagerung von Pest 1542 ruhmvollen Anteil genommen, indem sie im Verein mit dem Ungarn Pereni bei einem Ausfalle der Türken aus der belagerten Stadt letztere von der Stadt abschnitten und in große Gefahr brachten. Zwar hat dieser Feldzug ohne Ruhm für die Waffen der Christen geendet, allein dies lag nicht an mangelnder Tapferkeit der Truppen, sondern, wie Erzherzog Ferdinand dem Kaiser Karl V. schreibt,

Das Heer.

„an dem Gehirn der guten Ausführung." Er meint damit, daß der Kurfürst Joachim von Brandenburg, dem das Reichsfeldherrenamt übertragen war, keine Begabung für diese Stellung hatte; es fehlte wohl auch ihm sowie den am Zuge beteiligten Italienern an rechter Lust zu diesem Kampfe, da sie dem Hause Habsburg die aus einem Siege über die Moslemin zu erhoffenden Vorteile mißgönnten.[63])

Als darauf König Franz I. von Frankreich, da er den Kaiser Karl V. für hinreichend entkräftet hielt, um ihn anzufallen, ihm den Krieg erklärt hatte, nahmen wieder die Sachsen unter der persönlichen Führung ihres Herzogs Moritz an dem Kriegszuge teil. Ihre Tapferkeit gewann den glänzenden Sieg bei Vitry 1544. Doch hatten sie hier das Mißgeschick, welches sie so vielfach im Verlaufe der Geschichte verfolgt hat, nämlich von ihren eignen Verbündeten zum Dank für ihre gute Haltung einen schlechten Leumund zu erhalten.

So haben nach der Schlacht bei Vitry die Italiener unter Franz von Este, welcher, während Moritz mit seinen Leuten dem Feinde nachsetzte, das Dorf einnahmen und plündernd über die zurückgelassenen französischen Karren herfielen, nachher das Gerücht verbreitet, daß die sächsischen Reiter die Stadt Vitry geplündert und angezündet, Weib und Kind erschlagen, auch vor dem Feinde etwas gestutzt haben und nicht nachgerückt sein sollten. (Letzteres ist darauf zurückzuführen, daß die Sachsen, da die Welschen nur langsam über eine Brücke ritten, eine Furt suchten, um rascher an den Feind zu kommen.) Mit begreiflicher Entrüstung über diese schändliche Verleumdung schreibt Moritz an den Kaiser:

„Ich bin mit meinen Reitern bis in die 24 Stunden auf den Rossen geritten und gehalten, habe mich keines Plünderns angemaßt. Eure Majestät werden in Erfahrung kommen, daß wir uns dem alten ehrlichen deutschen Gebrauche nach gehalten haben, dem Feinden obgelegen und uns keines Plünderns angenommen."

Allerdings war in Vitry nach der Einnahme Feuer ausgebrochen, allein während Moritz noch im Angriff war; nachher hat er mit seinen deutschen Knechten die Stadt soviel wie möglich retten helfen.[64])

Wieviel edelmütiger war Gustav Adolf, König von Schweden, der, um dem Kurfürsten Johann Georg I. die Beschämung über die Flucht seiner meist eben erst ausgehobenen und noch gänzlich ungeübten Truppen bei Breitenfeld 1631 zu ersparen, ihm bei der Begegnung von Leipzig dafür dankte, daß er zur Schlacht geraten habe! Dies war übrigens thatsächlich wahr, da Johann Georg schon um seines aufs entsetzlichste ausgeplünderten Landes willen eine Entscheidung mit den Waffen herbeizuführen hatte wünschen müssen.

An das Ende des 17. Jahrhunderts fällt eine der herrlichsten Waffenthaten, welche das sächsische Heer vollbracht hat, nämlich die Teilnahme an der Entsetzung der von den Türken belagerten Stadt Wien 1683; allein auch hier hat der Polenkönig Sobieski nicht mit der Gerechtigkeitsliebe, wie sie einem Fürsten gebührt, der Sachsen gedacht.

In dem Berichte nämlich, welchen er über dieses Ereignis an seine Frau schickte, schreibt er zwar über die sächsischen Truppen: „Sie sind schön, vollzählig, gut gekleidet und gut diszipliniert"[65]); aber davon erwähnt er nichts, daß sie in viel größerer Anzahl zum Kampfe erschienen waren, als der

Verabredung gemäß notwendig gewesen wäre, während der so viel gefeierte Pole Sobieski selbst nur halb soviel Mannschaften stellte, als er nach der Höhe der vom Kaiser ihm gezahlten Gelder zu stellen verpflichtet gewesen wäre und überhaupt nur darum sich auf die Seite des Kaisers stellte, weil der Preis, um welchen Ludwig XIV. seine Unthätigkeit in diesem Kampfe erkaufen wollte, ihm zu gering erschienen war. Auch davon schreibt er in jenem ungemein zu seinen eignen gunsten gefärbten Berichte nichts, daß die Sachsen den Hauptschlag auf das türkische Lager geführt und sich nach Eroberung desselben nicht wie die Polen auf die Beute gestürzt, sondern den Feind verfolgt und mit einem verhältnismäßig geringen Anteile an der unermeßlich reichen Beute fürlieb genommen haben.

Es wird erzählt, daß, als Karl von Lothringen nach dem ersten Erfolge einer mit den Polen getroffenen Verabredung gemäß das Gefecht abbrechen oder doch wenigstens einen Kriegsrat halten wollte, der sächsische Generalfeldmarschall von der Goltz geantwortet habe, „es wäre anjetzo nicht Zeit, dergleichen vorzunehmen, sondern vielmehr zu fechten. Gott wiese ja den Sieg schon, und müsse man das Eisen schmieden, solange es warm wäre. Er hoffe, als ein kontrakter Mann, diesen Abend noch mit Gott ein gut Quartier in Wien zu haben", worauf Karl von Lothringen sprach: „Marschieren wir denn."[66])

Als nachher bei Fortsetzung des Krieges wider die Türken die Sachsen sich ruhmvoll beteiligten, erhielten sie von dem Feldherrn Eugen von Savoyen, der solche Truppen zu würdigen wußte, einmal gebührende Anerkennung, wie wir aus dem Handbillet ersehen, welches Kaiser Leopold an den Grafen

Reuß schickte, welcher das sächsische Korps bei Zentha 1697 geführt hatte.

Es lautet: „Leopold u. s. w. Hoch- und Wohlgeborner, lieber, getreuer! Es hat unsres lieben Vetters, Fürsten und Feldmarschalls Eugenii, Herzogen zu Savoyen, Lübden referiert, wie willig, eifrig und tapfer Du Dich samt den Deinem Kommando untergebenen Truppen diese Kampagne hindurch und sonderlich bei der am 11. September vorbeigegangenen Schlacht und erhaltnen Viktoria bei Zende erwiesen hast. Gleichwie Dir nun dieses zu einem unsterblichen Ruhme gereichet, also haben auch Wir nicht ermangeln wollen, die Unsrerseits darüber geschöpfte Satisfaktion und Zufriedenheit über Deine geleisteten Dienste hiermit in Kaiserlichen Gnaden zu bezeugen, versichern uns auch gegen Dich gnädigst, Du werdest den Überrest der Kampagne damit allerdings kontinuieren, da wir Dich herentgegen gnädig versichern, daß Wir nicht ermangeln werden, bei Unsres lieben Oheims und Bruders, des Königs in Pohlen und Kurfürsten zu Sachsen Lübden Deine und Deiner untergebenen Soldaten Valeur zu rühmen und es allezeit mit kaiserlichen Gnaden zu erkennen, womit Wir Dir ohnehin gewogen bleiben."

Am Reichskriege gegen Frankreich von 1688—91 nahmen die Sachsen zwar sehr rühmlichen Anteil, namentlich waren sie bei der Einnahme von Mainz 1689 die ersten, welche auf der Kontreskarpe Fuß faßten; allein da nach dieser glorreichen That der kaiserliche Feldmarschall Graf Dünewald in einer weitläufigen Beschwerdeschrift an den Kaiser, welche dieser auszugsweise dem Kurfürsten mitteilte, die sächsischen Truppen ohne Grund der Indiszplin beschuldigt hatte, so erhielt 1689 die gesamte sächsische Armee, die zum Schutze und zur Rettung einiger bedrängter Städte am Rheinstrome sich befand, weil sie selbiger Orten keine Subsistenz fand, den Befehl, nach der Heimat zurückzukehren.[87] Das Verhalten Dünewalds erklärt sich daraus,

Das Heer.

daß die guten Deutschen untereinander wegen der Winterquartiere in Zwiespalt geraten waren.

Im nordischen Feldzuge hat Karl XII. mehrfach in rühmendster Weise die Tapferkeit der kleinen, von 1047 Mann auf 53 Mann und 16 Offiziere zusammengeschmolzenen sächsischen Schar anerkannt, welche vom 28. Juli bis zum 21. Dezember 1701 Dünaburg hielt und an diesem Tage einen ehrenvollen Abzug bewilligt bekam. Auch hier also ist es der Gegner, welcher unsern braven Truppen Gerechtigkeit widerfahren läßt.

Hingegen fällt ein unverdient hartes Urteil über Sachsens Truppen zu Anfang des 18. Jahrhunderts der mehrgenannte Baron von Loen, welcher sagt: „Putz, Üppigkeit und Schwelgerei führen die Sachsen dem Soldatenstande zu; im übrigen sind sie zu diesem Handwerke wenig tauglich, weil sie zu wollüstig und gemächlich sind. Jener Kurfürst von Bayern spottete deshalb der geputzten sächsischen Männerchen nicht ohne Grund, welche er mit seinen rauhen Küraßieren zu Paaren trieb. August (der Starke) richtete mit seinem prächtigen Heere in Polen ebensowenig gegen die Schweden aus; aber bei Hofe, bei den Damen und im Umgange überhaupt gibt es keine artigeren Leute als die Sachsen."[68]) Diesen Leumund haben unsre Truppen zu keiner Zeit verdient, wie aus dem oben angeführten Urteile Karls XII. hervorgeht.

Darum kann man auch nur mit Entrüstung abweisen, was der Franzose Mirabeau über das sächsische Heer aus der Zeit König Friedrich Augusts des Gerechten vor den napoleonischen Kriegen sagt: „Der Sachse taugt von vornherein zum Soldaten nicht; er ist mehr Handwerker oder Landmann als irgend etwas andres. Die besten Rekruten stellt das Ackerbau treibende Publikum." — Doch kann auch er nicht umhin, dem guten Zustande der Armee, den Unparteiische stets anerkannt haben, zum mindesten etwas Lob zu zollen: „Die Artillerie und Kavallerie sind musterhaft", worauf er jedoch gleich folgen läßt: „was dagegen die Infanterie betrifft, so kann dieselbe ohne Musik nicht 200 Schritt weit marschieren, ohne die Richtung verloren zu haben." Nun erhebt er aber folgenden schweren Vorwurf: „Alle Manöver bei der sächsischen Armee sind vollkommen überflüssig, weil die oberen Offiziere es nicht verstehen, durch eine geschickte Taktik den Soldaten zu belehren. Gegen die Offiziere ist man höheren Orts zu nachlässig, gegen den gemeinen Soldaten zu streng. Die Hauptleute stecken die Traktamente der Beurlaubten in die Tasche, der Soldat bekommt zu viel Prügel." Zuletzt krönt er das Ganze mit der unverschämten gallischen Lüge, die sächsischen Soldaten hätten seit Karl V. auch nicht eine Schlacht gewonnen!

Zur Beruhigung möge hinzugefügt werden, wie sich dieselbe Armee, welche der Franzose so verächtlich ansieht, in den Augen eines der edelsten deutschen Fürsten der damaligen Zeit darstellte, nämlich des Herzogs Karl August von Sachsen-Weimar. Er schreibt 1787 an Merk: „Die sächsische Armee ist wirklich fast interessanter zu sehen als die andern deutschen Truppen, weil es doch eigentlich die einzige Nationalarmee in Deutschland ist, alle andern sind zusammengekaufte oder gestohlene Fremde. Die Freiheit, die wegen der Sicherheit der Leute unter ihnen herrscht, macht sie noch angenehmer; aller militärische fatale Druck fällt da weg und es scheint eine Gesellschaft freiwillig zusammengekommener, sich in den Waffen übender Leute zu sein."[69])

Das Heer.

fast zu anerkennend, weil etwas tendenziös, ist das, was Bernadotte über die Haltung der Sachsen in der Schlacht bei Wagram 1809 sagt. Er hat zwar anfänglich sehr widerstrebend den Oberbefehl über dieselben übernommen, weil er darin ein Zeichen der ihm wohlbekannten unfreundlichen Gesinnung Napoleons erkennen zu müssen glaubte; dann aber hat er durch die vorzügliche Haltung der Sachsen doch sich mit ihnen aussöhnen lassen. Sein auf die Schlacht von Wagram bezüglicher Tagesbefehl vom 7. Juli 1809 lautet:

„Sachsen! Am Tage der Schlacht vom 5. Juli haben 7—8000 von euch das Zentrum der feindlichen Armee durchbrochen und sind nach Deutsch-Wagram vorgedrungen, trotz des heftigen und durch 50 Feuerschlünde unterstützten Widerstandes von 40000 Mann. Ihr habt bis Mitternacht gefochten und mitten unter den österreichischen Linien biwakiert. Am 6., mit Tagesanbruch, habt ihr das Gefecht mit gleicher Beharrlichkeit wieder aufgenommen. Welche Verheerungen auch das feindliche Geschütz unter euch anrichtete, eure lebendigen Heersäulen blieben unerschüttert, als wären sie von Erz. Der große Napoleon hat eure Hingebung beobachtet. Er zählt euch unter seine Tapferen. Sachsen! Das Glück des Soldaten besteht in der Erfüllung seiner Pflicht! Ihr habt der eurigen wacker genügt. Im Biwak von Leopoldau am 7. Juli 1809. Der Kommandant des 9. Armeekorps, Bernadotte."

In Bitterkeit hat er mündlich hinzugefügt: „Man wird euch trotzdem keine Gerechtigkeit widerfahren lassen, weil ihr unter meinem Befehle standet."[70]) Die Folge dieser Taktlosigkeit war seine sofortige Enthebung vom Kommando.

Im schroffsten Gegensatze zu seinem überschwenglichen Lobe der Sachsen steht die gehässige Unterschätzung ihrer Leistung durch Napoleon, welcher seinen Zorn gegen den von ihm selbst ihnen gegebenen Führer auf das ganze sächsische Korps ausgedehnt zu haben scheint. Er verunglimpft sie auf eine höchst ungerechte Weise, indem er von ihnen schreibt:

„Die Sachsen gaben Fersengeld am Abend von Wagram, sie gaben Fersengeld am Morgen von Wagram; es waren die schlechtesten Truppen des Heeres."[71]) Wenn er sie einmal anerkannt hat, so geschah es mit Nebenabsicht; so ist er z. B. nach der Erstürmung des Töpferberges bei Reichenbach am 22. Mai 1813 zu ihnen herangesprengt und hat laut ihre heldenmütige Tapferkeit anerkannt, weil ihm nämlich sehr viel daran lag, daß sie, trotzdem daß sie von früh 4 bis nachmittags 5 Uhr teils auf dem Marsche, teils im Gefechte gewesen waren, dem weichenden Feinde noch nachsetzen sollten.

Auch Thiers, der französische Geschichtschreiber der Revolution und der napoleonischen Zeit, ist ungerecht gegen sie. Davon, daß in der Schlacht an der Moskwa die Erstürmung der Rajewskischanze durch sächsische Reiterei, eine Leistung, welche in der Kriegsgeschichte fast ohnegleichen ist, den Ausschlag zu gunsten Napoleons gab, schweigt er ganz! Hingegen behauptet er, der geschichtlichen Wahrheit geradezu zuwider, daß die Sachsen bei Großbeeren (den 23. August 1813) die Niederlage des französischen Generals Durutte verschuldet hätten. Er schreibt nämlich:

„Die Division Durutte leistete heldenmütig Widerstand; aber die Sachsen, welche zum großen Teile in diesem Jahre erst ausgehoben waren und mit der Schwäche ihres Alters einen sehr schlechten Geist verbanden, dazu von Offizieren bearbeitet wurden, welche sie daran erinnerten, daß sie 1809 Bernadotte angeführt und wie ein Vater behandelt habe, widerstanden nicht lange und ließen die Division Durutte ohne Unterstützung. Diese ward genötigt, sich zurückzuziehen, doch geschah es in guter Ordnung."[72])

Das Empörendste aber, was französische Undankbarkeit geleistet hat, ist das, daß die Sachsen nach der Schlacht von Dennewitz (den 6. September 1813), in welcher sie allein die Ehre des für die französischen Waffen so unglücklichen Tages durch einen geordneten Rückzug gerettet hatten, in einem vom kaiserlichen Hauptquartier ausgehenden und in der Leipziger Zeitung veröffentlichten Schlachtberichte angeschuldigt wurden, als ob sie die Flucht begonnen und die andern Korps in dieselbe mit hineingerissen hätten! Es war vergebens, daß General Reynier beim Kaiser eine Berichtigung dieser für die seiner Führung unterstellten Sachsen so beleidigenden Lüge verlangte, es ward nichts zurückgenommen; Reynier konnte nur persönlich dem sächsischen Generale Lecoq auf dessen ausdrückliche Beschwerde die musterhafte Haltung seiner Truppen bestätigen.[73])

Welche Anerkennung unsre Truppen in jener Zeit wirklich verdient hätten, wenn der Kaiser der Franzosen gerecht gewesen wäre, möge aus folgendem Zuge abgenommen werden.

In der unglücklichen Schlacht bei Jena (14. Oktober 1806) war das sächsische Grenadierbataillon Winkel, bei welchem sich der Fürst Hohenlohe befand, inmitten der allgemeinen Verwirrung, vom Feind unablässig angegriffen, in voller Ordnung und mit klingendem Spiele zurückgegangen. Als später auf dem Heimmarsch von Barby aus dieses Bataillon zufällig auf das Chasseurregiment vom Neyschen Korps traf, durch welches es so oft vergeblich angegriffen worden war, ließ der Kommandeur dieses Regiments dasselbe aufmarschieren, Paradenmarsch blasen und dem vorüberziehenden Bataillon Ehrenerweisungen machen; gewiß ein wertvoller Beitrag zum Leumund der Sachsen!⁷⁴)

Aus neuerer Zeit sei erwähnt, daß in dem unruhigen Jahre 1848 unsre Truppen in Thüringen, wohin ein Teil von ihnen unter Oberbefehl des Generals von Holtzendorf zur Aufrechterhaltung, bez. Wiederherstellung der Ordnung gelegt worden war, sich einen guten Namen gemacht haben. Die strenge Haltung, welche sie in und außer Dienst bewahrten, machte auf die unruhigen Elemente einen Achtung gebietenden Eindruck, und der wohlgesinnte Teil der Bevölkerung erwies ihnen allenthalben eine herzliche Dankbarkeit. Das musterhafte Betragen dieses Beobachtungskorps hat wesentlich dazu beigetragen, die erregten Gemüter wieder zu beruhigen.

Im Jahre 1864 bei der Rückkehr aus Schleswig wurden die Sachsen, welche durch ihr gutes Betragen im Quartier nicht minder wie durch ihre Tüchtigkeit im Kampfe allgemeine Liebe und Achtung sich erworben hatten, auf allen Stationen, welche die von ihnen besetzten Eisenbahnzüge berührten, mit dem Ausdrucke voller Sympathie empfangen und bewirtet.

Auch der Kaiser von Österreich erkannte die vorzügliche Haltung und die unerschütterliche Disziplin derselben an, welche sie in treuer Anhänglichkeit und Hingebung selbst in den mißlichsten Zeiten bethätigt hatten, und verteilte an verschiedene Offiziere äußere Zeichen seiner Huld.

Desgleichen hat im Jahre 1866 das Verhalten unsrer Truppen eine verdiente Anerkennung durch die ehrenden Abschiedsworte gefunden, welche der Erzherzog Albrecht von Österreich als Oberstkommandierender in einem Armeebefehle an Se. königl. Hoheit den damaligen Kronprinzen Albert, jetzt königl. Majestät, richtete. Sie lauteten:

„Stolz mag das eigne Vaterland auf seine rückkehrenden würdigen Söhne blicken, denn sie haben unter Sr. kgl. Hoheit des Kronprinzen so ausgezeichneten Führung aufs neue die ererbten kriegerischen Tugenden ihres Volkes rühmlichst erprobt. Die kaiserlich königliche Armee aber, mit der diese wackere Schar Anstrengungen, Entbehrungen und Gefahren so treu geteilt, kann in diesem Abschiedsgruße nicht warm und nicht herzlich genug der hohen Achtung und aufrichtigen Zuneigung Ausdruck geben, die unsre scheidenden Waffenbrüder sich in Österreichs Volk und Heer erwarben durch ungewöhnliche Tapferkeit, strenge Disziplin und unerschütterliche Standhaftigkeit in allen Wechselfällen des Krieges, durch musterhaftes Benehmen gegen uns und die Bewohner des Landes, denen sie allerorten so lieb und wert geworden.

„Wer seiner Pflicht so vollständig als die sächsischen Truppen genügte, in harten Prüfungen so ungebeugten Sinnes blieb, darf getrost auf die Vergangenheit und in die Zukunft blicken. Was letztere auch bringen mag, wir wünschen und hoffen, daß jene Tapferen das Andenken der edlen Kampfgenossenschaft, die auf Böhmens Schlachtfeldern Tausende mit ihrem Herzblute besiegelten, so lebhaft und dauernd bewahren werden, als Österreichs Heer die dankbare Erinnerung an die in ernster Zeit bewährten Kameraden und die innigste Teilnahme an ihren ferneren Geschicken. Und somit sage ich im Namen der Armee den braven Sachsen herzlich lebewohl. Gott geleite sie, gebe Ruhm und Heil ihren glorreichen Fahnen. Albrecht."[78])

Einer solchen Truppe kann natürlich auch die Anerkennung eines edelgesinnten, gerechten Gegners nicht fehlen, wie er den Sachsen 1866 in den Preußen entgegengetreten war. Daher finden wir bei letzteren volle Anerkennung dessen, was sie bei Problus und Neugitschin geleistet haben.

Obgleich sich die österreichischen Regimenter Gastner und Nobili, statt den beabsichtigten Vorstoß der Sachsen zu schützen, in eiliger Flucht auf dieselben warfen, so gelang es doch dem aus dem zweiten Treffen vorgezogenen 2. sächsischen Jägerbataillone, das in geschlossener Linie, Schützen rechts und links, mit voller Musik gegen die bedrohte linke Flanke avancierte, den Schwarm der Flüchtigen durchließ, dann aber sich wieder schloß und seine Salven gegen die nachdringenden preußischen Bataillone abgab, der Verwirrung ein Ziel zu setzen. So bezeugt der gewiß echt preußisch gesinnte Fontane[76]).

Außerdem sind in wiederholten Fällen einzelne sächsische Soldaten wegen ihrer vorzüglichen Haltung von preußischen Offizieren ausgezeichnet worden.

Selbstverständlich wurde solche Anerkennung noch freudiger ausgesprochen, als im großen Jahre 1870 Alldeutschland nach Frankreich hineinstürmte. In den Berichten über diesen Krieg wird endlich unsern Truppen die Ehre, welche ihnen gebührt, auch wirklich erwiesen. So sind denn die letzten Zeugnisse für das sächsische Heer die rühmlichsten. Unter anderm schreibt Winterfeld (Vollständige Geschichte des deutsch-französischen Krieges von 1870 und 1871 ꝛc. S. 226): „Die königl. sächsische Armee hat an diesem Tage (18. August) an der Seite der preußischen Garde ihre alte Tüchtigkeit bewährt; einstimmig ist das Urteil daß sich sämtliche Kommandeure durch musterhafte Führung und alle Truppen durch außerordentliche Tapferkeit und Ausdauer hervorgethan haben, und es ist dem Armeekorps auf diese Weise möglich geworden, eine noch am Abende des Schlachttages vom Oberkommando der Zweiten Armee dankend anerkannte entscheidende Wendung der Schlacht zu geben." Vor allem wertvoll aber sind die Äußerungen des Kaisers Wilhelm I. selbst über die Haltung der Sachsen. Das erste ist eine am 21. August aus dem Hauptquartier zu Pont à Mousson abgesandte, auf den eben erwähnten Tag von St. Privat bezügliche Drahtbotschaft des Kaisers Wilhelm I. an König Johann, welche folgendermaßen lautet:

„Nachdem ich nun den ganzen Umfang des Anteils, den Deine Truppen am Siege vom 18. August genommen haben, übersehen kann, muß ich Dir zu diesem Erfolge meinen Glückwunsch aussprechen. Freilich ist der Verlust sehr bedeutend. Wilhelm."

Dieser ersten Kundgebung des Kaisers über die Sachsen in diesem Kriege entspricht die letzte, nämlich die Anrede, welche er nach der großen Revue über die sächsischen, württembergischen und bayrischen Truppen auf dem durch die Kämpfe am 30. Nov. und 2. Dez. 1870 geschichtlich gewordenen Terrain von Villiers am 7. März 1871 abhielt; da hat er gesagt:

„Es gereicht mir zur besonderen Genugthuung und Freude, heute auch einen großen Teil der Maasarmee und der III. Armee am Schlusse dieses glorreichen Krieges versammelt gesehen und nach so vielen blutigen und entscheidenden Schlachten in einer so vortrefflichen Verfassung gefunden zu haben. Mit Stolz kann derjenige Teil der Truppen, welcher auf diesen blutgetränkten Feldern gefochten, das Zeugnis derselben für ihre Tapferkeit, für ihre Ausdauer und darum für ihren Sieg in Anspruch nehmen. Gleichzeitig mit unsern Siegen über den Feind haben wir aber auch in unserm Vaterlande einen Erfolg erreicht, der so schnell und so vollständig kaum vorauszusehen war, denn Deutschland ist geeinigt und hat mich an seine Spitze berufen. Jetzt wird es darauf ankommen, im Frieden den Bau weiter zu führen, dessen Grundstein auch Sie mit Ihrem Blute und Ihrer Treue gekittet."

Abgesehen von vielen gelegentlichen Äußerungen über das XII. Armeekorps hat er später noch einmal in seiner Eigenschaft als oberster Kriegsherr von ganz Deutschland zu den

Sachsen und über sie sich auszusprechen Gelegenheit gehabt, nämlich nach dem großen Kaisermanöver des Jahres 1882. Das Handschreiben, welches er nach Beendigung desselben an unsern König richtete, lautet folgendermaßen:

„Die am heutigen Tage beendigten diesjährigen großen Herbstübungen des XII. (kgl. sächs.) Armeekorps haben ein in jeder Beziehung so sehr erfreuliches Resultat ergeben, daß ich Ew. Majestät Land und Truppen nicht verlassen kann, ohne meiner schon nach einzelnen Übungstagen ausgesprochenen lebhaften Befriedigung und Anerkennung Ausdruck zu geben. Ew. Majestät Armeekorps befindet sich in der That nach jeder Richtung in einem besonders guten Ausbildungszustande und läßt erkennen, daß das im Kriege und im Frieden bewährte Soldatenauge seines Königs diese Ausbildung aufs sorgfältigste überwacht, und daß an derselben an allen Kommandostellen mit großer Sachkenntnis und Hingabe gearbeitet wird. Ich spreche Ew. Majestät meinen herzlichen Glückwunsch zu solchem Resultate aus und empfinde eine aufrichtige Freude darüber, mich immer wieder zu überzeugen, wie sehr unsre Ansichten über die hohe und weitgreifende Wichtigkeit des kriegerischen Zustandes der Truppen übereinstimmen. Ew. Majestät bitte ich, auch Ihren Truppen und insbesondere auch den Führern, vor allem aber dem kommandierenden General Sr. kgl. Hoheit dem Prinzen Georg, Herzog zu Sachsen, Kenntnis von meiner lebhaften Anerkennung ihrer Leistungen geben zu wollen, und bitte ich zugleich auch meinen wärmsten Dank für die überaus freundliche und meinem Herzen wohlthuende Aufnahme entgegenzunehmen, die mir in Ew. Majestät Hause und in Ihrem Lande zu teil geworden ist. Mit der Versicherung der vollkommensten Hochachtung und wahren Freundschaft verbleibe ich Ew. Majestät freundwilliger Vetter und Bruder Wilhelm. Dresden, am 27. September 1882. An des Königs von Sachsen Majestät."[77])

Wer so dem Besten seiner Zeit genug gethan, wie unser Heer dem Kaiser Wilhelm I., der hat fürwahr einen guten Leumund!

Carola
Königin von Sachsen.

Albert
König von Sachsen.

IX. Das Fürstenhaus.

Auf dem Wiener Kongresse ist von Metternich und Talleyrand, um die sächsische Frage, über welcher beinahe der europäische Krieg von neuem entbrannt wäre, zu einer befriedigenden Lösung zu bringen, der Vorschlag gemacht worden, den König Friedrich August den Gerechten für den Verlust seines ganz an Preußen abzutretenden Landes durch Gebietsteile auf dem linken Rheinufer zu entschädigen.

Es war selbstverständlich, daß der König einen solchen Vorschlag mit Entschiedenheit zurückwies, „da es für ihn in der ganzen Welt keine Entschädigung für sein Vaterland gebe und da es seine heilige Pflicht sei, nicht auf Unterthanen und Länder, welche die Vorsehung seinem Hause seit Jahrhunderten anvertraut habe, zu verzichten." Er sprach damit richtig aus, daß in Sachsen das Fürstenhaus und das Volk aufs innigste zusammengehören, wie es sich ja auch in diesem Jubeljahre wieder aufs schönste bethätigt.

Diese Zusammengehörigkeit können wir dahin bestimmen, daß auf dem Stamme des sächsischen Volkes das Fürstenhaus ein schöner Zweig ist, an welchem die ganze Art des Volkes in ganz besonderer Weise zur Erscheinung kommt. Daher soll, während man sonst dem Fürstenhause den ersten Platz einzuräumen die sehr begründete Gepflogenheit hat, hier demselben der letzte angewiesen werden, weil das, was der Leumund über dasselbe sagt, das Ganze krönt.

Wenn nun auch jeder einzelne Fürst seine ausgeprägte Persönlichkeit hat, die in dem von der Geschichtschreibung

seinem Namen hinzugefügten Eigenschaftsworte dann einen zu=
treffenden Ausdruck findet, wenn dasselbe nicht von einem vor=
urteilsvollen Parteimann willkürlich gewählt, sondern der
Widerhall der Volksstimme ist, so sucht man doch auch mit
Recht bei einer Familie, die nachweisbar als solche seit mehr
als 800 Jahren besteht, nach einem gemeinsamen Familienzug.

Ein solcher ist bei dem Hause Wettin vorhanden! Allen
Fürsten dieses Hauses nämlich wird der Ruhm gespendet, daß
sie stets in unentwegter Treue zu Kaiser und Reich gestanden
haben! Jene Gewissenhaftigkeit in der Pflichterfüllung, welche
wir unserm ganzen Volksstamme zuschreiben dürfen, haben
auch die Fürsten desselben allezeit bewiesen. Darum hat das
Deutsche Reich an ihnen zu allen Zeiten eine ganz besonders
wertvolle Stütze gehabt, welche auch in den schlimmsten Zeiten
zuverlässig blieb, und jetzt, da durch Gottes Gnade eine bessere
Zeit angebrochen ist, das Ihrige dazu beiträgt, daß man ge=
trost in die Zukunft blicken kann.

Hören wir nun das Urteil des Leumundes über einzelne
unsrer Fürsten.

Der nachweisbare Stammvater des Hauses Wettin, Theo=
dorich von Buzici, dessen Stammgüter in Nordschwaben lagen,
wodurch die echt deutsche Herkunft unsres Fürstenhauses nach=
gewiesen ist, wird von Thietmar von Merseburg als vir egregiae
libertatis bezeichnet, also als ein Freiherr, welcher nicht eines
andern Fürsten Vasall war, sondern außer seinem Allod nur
vom Reiche Lehen hatte.[78])

Nachdem sein Sohn Dedo Verweser der Mark Meißen
gewesen war, ward dessen Sohn Heinrich von Eilenburg 1088

Das Fürstenhaus.

mit derselben belehnt, von welchem an dieses Land bis auf den heutigen Tag bei den Wettinern geblieben ist. Wenn wir auch von ihm uns kein bestimmtes Bild machen können, so dürfen wir doch annehmen, daß er seinem mehrfach eidbrüchigen, halt- und gewissenlosen Vorgänger Eckbert gegenüber dem Kaiser Heinrich IV., welcher ihn mit der Mark Meißen belehnte, als ein treuer und zuverlässiger Mann erschienen sein muß.

An seine Stelle tritt sein Vetter Konrad, in der sächsischen Geschichte der Große genannt (1127—56); wenn wir auch über ihn nicht hinreichend unterrichtet sind, um von seinem Charakter etwas sagen zu können, so ist doch das geschichtlich feststehend, daß er es wohl verstanden hat, seine anfangs nur geringe Macht immer mehr zu vergrößern.

Sein Nachfolger Otto (1156—90) heißt bekanntlich der Reiche, weil unter ihm das Freiberger Silber fündig gemacht wurde. Der Grund, warum der Freiberger Silberbergbau so großes Aufsehen erregte, war nicht sowohl die Menge des edlen Metalls, obwohl auch diese nicht unbeträchtlich war, als vielmehr die fast neue Erfahrung von reinem, gediegenem Silber, welches hier gefunden ward.[79])

Kann von Albrecht dem Stolzen (1190—95) nicht verschwiegen werden, daß er sich wider den Kaiser Heinrich VI. mit den Welfen verschworen hat, so wird seinem Bruder Dietrich dem Bedrängten (1195—1221) ein um so schöneres Zeugnis der Treue ausgestellt. Es steht bei Walter von der Vogelweide und lautet:

> Und ie der Misenaere,
> derst iuwer âne wân,
> von gote wurde ein engel ê verleitet;⁸⁰)

auf Neuhochdeutsch: „Und der Meißner, der ist euer ohne Falsch, eher würde von Gott ein Engel verführt."

Diese an Philipp von Schwaben gerichteten Worte sind eben Worte eines Dichters, d. h. etwas überschwenglich; wissen wir doch aus der Geschichte, daß später Dietrich möglicherweise durch Walter von der Vogelweide selbst dazu veranlaßt, seinen Frieden mit dem Gegenkaiser Philipps von Schwaben, Otto IV. von Braunschweig, machte, als dieser 1212 wieder in Mitteldeutschland Boden gewann; allein sie sind durchaus wahr bis zum Jahre 1204 und im Vergleiche zu dem Verhalten andrer deutscher Fürsten. Übrigens hat Walter von der Vogelweide das Meißner Land selbst besucht und seinen Markgrafen persönlich kennen gelernt.

Mit noch größerem Rechte sagt von Heinrich dem Erlauchten (1221—88) der Tannhäuser:

> Heinrich der Misenaere,
> der sine triuve nie zerbrach,
> derst alles wandels laere.

„Heinrich, der Meißner, der seine Treue nie zerbrach, der ist ohne alle Wandelbarkeit." Dies bezieht sich darauf, daß er gegen Heinrich Raspe, den Landgrafen von Thüringen, treu zu Friedrich II. stand. Dieser hat ihm seine Treue gelohnt, indem er nicht nur seine Tochter Margarete dem Sohne Heinrichs, Albrecht (dem Entarteten), zur Gemahlin gab und nicht nur das Pleißnerland ihm vorläufig unterpfändlich einräumte,

Das Fürstenhaus.

sondern ihn auch durch die Belehnung mit Thüringen 1247 zu einem der mächtigsten Reichsfürsten machte.

Doch hatte Heinrich auch um seiner Reichstreue willen zu leiden, insofern der Papst Gregor IX. durch seinen Abgesandten, den Archidiakonus Albert von Passau, das Meißner Domkapitel auffordern ließ, es möge den Markgrafen von Meißen zum Gehorsam gegen den Papst (will sagen: zum Abfalle von der kaiserlichen Partei) ermahnen, nötigenfalls mit dem Interdikte verfahren; allein bei der für den Markgrafen sehr günstigen öffentlichen Stimmung konnte der Papst nicht durchdringen.

Seinen Beinamen Illustris („der Glänzende") verdankt Heinrich dem Glanze, mit welchem er, seiner Macht und seinem Reichtume entsprechend, aufzutreten liebte. Auch der Kaiser, der doch selbst eine glänzende Hofhaltung liebte, ist durch die Pracht, mit welcher Heinrich auftreten konnte, in Erstaunen gesetzt worden.

Albrecht dem Entarteten (1288—1307) gebührt leider sein Name deswegen, weil er in geradezu unnatürlicher Weise die eignen Söhne Diezmann- und Friedrich schädigte, welche ihren angestammten Besitz mit Nachdruck und gutem Erfolg verteidigten, so z. B. in der Schlacht bei Lucka, den 31. Mai 1307, welche bei einer Abhandlung über den Leumund der Sachsen darum nicht fehlen darf, weil sie sprichwörtlich geworden ist. Denn man sagte lange Zeit in Erinnerung an die Niederlage, welche hier die Truppen des Habsburgers Albrechts I. durch die Meißner erlitten: „Es mag ihm glucken (glücken), wie den Schwaben bei Lucken".

Friedrich (1307—24) hat den Namen des Freudigen darum wohl verdient, weil er auch in sehr schwerer Bedrängnis, z. B. in der Gefangenschaft beim Markgrafen von Brandenburg in Tangermünde, doch guten Mut behalten hat. Sein gewöhnlicher Beiname „Der Gebissene" sagt nichts von ihm aus und ist seiner Entstehung nach unsicher.

Friedrich der Ernsthafte (1324—49) war ernsthaft in Verfolgung seines Bestrebens, die markgräfliche Macht wieder herzustellen und zu erweitern, doch auch klug und reichstreu genug, um die Wahl zum Gegenkaiser gegen Ludwig abzulehnen, da ihn dies in unabsehbare Verwickelungen gestürzt haben würde; und Friedrich der Strenge (1349—81) war streng in Unterdrückung der seiner Macht widerstrebenden Ritter.

Daß von Friedrichs des Streitbaren (1381—1428) Streitbarkeit der tschechische Geschichtschreiber Palacky nichts zu berichten weiß, darf nicht Wunder nehmen, da letzterer „bei seinen Forschungen kein einziges Dokument gefunden hat, das für die Deutschen günstig wäre." Friedrich ist ihm ein Fürst, der im Kampfe gegen die Hussiten und die Reformation Gelegenheit fand, sich auf die erste Stufe der Macht im Deutschen Reiche zu erheben.

Allein das beste Zeugnis dafür, daß er des Reiches Wehr gegen die furchtbare Hussitengefahr gewesen ist, hat ihm Kaiser Sigismund dadurch erteilt, daß er ihm das Herzogtum Sachsen und die Kurfürstenwürde übertrug.

Auch der Umstand spricht für seine Kriegstüchtigkeit, daß die Hussiten, wie schon oben erwähnt ward, einen besonderen Haß auf die Meißner hatten, unter welchem Friedrichs des Streitbaren Nachfolger Friedrich der Sanftmütige (1428—64)

Das Fürstenhaus.

noch schwerer zu leiden hatte, denn unter ihm fielen die Hussiten, zum Angriff übergehend, im Meißner Lande ein.[81]) Seines glänzenden Sieges über die böhmischen Ritter und Städter, welche ihn auf dem Rückmarsche von Tabor überfallen wollten, bei Selnitz zwischen Brüx und Bilin 1438 war schon oben Erwähnung gethan worden.

Den Beinamen des Sanftmütigen (placidus) hat er wegen des bekannten Zuges von brüderlicher Liebe, den Spalatin von ihm berichtet, erhalten. Ist das allbekannte Wort: „Schieß, wen du willst, nur meinen Bruder nicht", wirklich von ihm gesprochen worden, so ist durch dasselbe der Zoitzberg bei Gera, an dessen Fuße Friedrich lagerte, während Wilhelm am andern Elsterufer auf dem Hersberge stand, zu einer heiligen Stätte geweiht worden. Überhaupt scheint der große Unterschied des Wesens zwischen ihm und seinem leidenschaftlichen Bruder ihm zu dem Namen des Sanftmütigen verholfen zu haben.

Von seinen beiden Söhnen Ernst (1464—86) und Albert (1485—1500) tritt der letztere, der Stifter der nach ihm benannten Linie des Hauses Wettin, welche gegenwärtig noch auf dem Throne unsres Landes sitzt, darum vor dem ersteren in den Vordergrund, weil seine Laufbahn eine bewegtere und glänzendere war.

Wie sein Beiname: animosus, d. i. der Beherzte, besagt, hatte er ausgesprochene kriegerische Neigung und Begabung, und bei seiner treuen, selbstlosen Hingabe an Kaiser Maximilian fand er Gelegenheit genug, diese zu bethätigen. Darum hat er auch bei diesem einen sehr guten Leumund gehabt; er wird von ihm „lieber Oheim" genannt, und er war in der That gegen ihn ein fast zu guter Onkel, denn er hat in seiner ritterlichen, selbstlosen Gesinnung dem Hause Habsburg, welches im Annehmen von Diensten immer weit stärker gewesen ist als im Belohnen derselben, wahrhaft großartige Opfer gebracht und die Sache desselben wie seine eigne geführt.

Daher fand er auch beim Papste Anerkennung, welcher ihm, hierin jedenfalls ein Echo Maximilians, die schmeichelhafte Bezeichnung „die rechte Hand des Reiches" beilegte und ihn durch Übersendung der geweihten goldenen Rose nach Zierikfee in Friesland ehrte. Wertvoller sind die von seinen Gegnern über ihn abgegebenen Urteile.

So soll König Matthias von Ungarn nach dem Frieden von Markersdorf geäußert haben: „Es sei niemand, der ihm widerstehe als Herzog Albrecht von Sachsen; ohne dessen Wehr wolle er in der Mitte des Deutschen Reiches sein Lager aufschlagen"; gewiß ist, daß er den vom Kaiser nur mit Versprechungen, aber nie mit Geld und Truppen versehenen Gegner, der trotzdem ihn am weiteren Vordringen in die österreichischen Erblande erfolgreich aufgehalten hatte, sehr hoch geachtet hat.

Desgleichen erwähnt ihn der französische Geschichtschreiber Olivier de la Marche nach seinen im burgundischen Kriege verrichteten Heldenthaten; er erzählt von dem Herzog von Sachsen, „den alle gerühmt, die ihn gekannt".

Karl der Kühne selbst gab mehr als einen Beweis dafür, daß er ihn für eine bedeutende Persönlichkeit hielt; er schrieb u. a. vor seinem Abzuge aus Neuß sehr ausführlich über den ganzen Kriegszug, um ihn zu überzeugen, daß er nichts gegen den Kaiser geplant habe.

Aus der Zeit seines Krieges in den Niederlanden stammt das Urteil des sehr kriegstüchtigen Philipp von Kleve, dem er in den Niederlanden tüchtig zugesetzt hatte; dieser sagte, aus Sluys habe ihn nächst dem Sachsenherzoge ein in keines Menschen Dienst stehendes Schicksal vertrieben. Das Volk der Niederlande hat ihn durch den Ehrennamen des sächsischen Rolands anerkannt.

Nachdem Albrecht für seine Aufopferung im Interesse des Hauses Habsburg das erst noch zu unterwerfende Friesland als Danaergeschenk erhalten hatte, hat er sich auch dort einen Namen gemacht, denn der friesische Chronist Ubbo Emmius rühmt seine Milde gegen die gefangenen Feinde; „er achtete", sagt er, „daß die genug verloren, welche die Freiheit einbüßen". Als einen weiteren Vorzug an ihm rühmt er seine Beredsamkeit. Albrecht, sagt er, selve hadde de tonge tot synen dienst genoechsam.⁸²) Man kann es sich ja recht wohl denken, daß dem schwerfälligen Friesen die Redegewandtheit des Sachsen Eindruck gemacht habe.

Das Andenken dieses Fürsten hat sein Nachkomme König Friedrich August II. durch die am 31. Dezember 1850 erfolgte Stiftung des Albrechtsordens geehrt.

Die drei großen Ernestiner der Reformationszeit haben begreiflicherweise die Anerkennung, welche ihnen gebührte, auch gefunden. Auf Friedrich den Weisen (1486—1525) hat nach dem Tode des Kaisers Maximilian der große Humanist Reuchlin das Wort Sprüche Sal. 30, 31 angewandt; in dem Könige nämlich, wider welchen sich niemand legen darf, hat er den von allen Vaterlandsfreunden im Deutschen Reiche zum Kaiser begehrten Kurfürsten von Sachsen gesehen, als den Fürsten, der am besten dazu geeignet wäre, dem Reiche wieder zu Macht, Ansehen und Selbständigkeit zu verhelfen — seine Weissagung ist nicht in Erfüllung gegangen.

Nachdem Friedrich die Kaiserkrone abgelehnt hatte, empfing er von dem andern großen Humanisten Erasmus, der für vorsichtiges Handeln Verständnis hatte, das Lob: Is mea sententia majori cum laude recusavit imperium, quam alii ambierunt; zu deutsch: Er hat rühmlicher daran gethan, die Kaiserkrone abzulehnen, als andre daran, sich um dieselbe zu bewerben.[83]

Allein ungleich wertvoller als diese, mehr durch die geistreiche Form als durch den eigentlich nichtssagenden Inhalt bemerkenswerte Anerkennung des Erasmus ist das, was Deutschlands größter Mann, nämlich unser Luther, über Friedrich den Weisen, seinen Landesherrn, gesagt hat.

Er war nach Luthers richtiger Meinung von Gott dazu geschaffen,

„daß er sollte sein ein weiser Fürst, im Frieden zu regieren und haushalten; wie er denn auch zu seiner Zeit war im römischen Reiche, wie man spricht, lux mundi. Er ließ seine Räte raten, und thät er gleichwohl das Widerspiel, doch mit solcher Vernunft und Grund, daß sie nicht kunnten dawider reden. Wiewohl etliche Große und viel Phormiones*) ihm nach dem Zügel griffen, hätten ihn gern regiert, so setzte er doch seine Hörner auf und ließ keinem gut noch recht sein, der ihm raten wollte. Er ist der Wundermann Gottes einer gewest (Luther will nämlich nachweisen, daß alle wahre Fürstentugend ein Geschenk Gottes ist). Denn wo er's hätte aus den Händen gegeben und sich lassen regieren, sollt wohl sein Glück und Weisheit

---

*) Schmarotzer; Phormio ist die Titelrolle eines Terenzischen Lustspiels, welches die Schmarotzer geißelt.

Das Fürstenhaus.

sich umgekehrt haben, und er durch seine kluge Räthe dahin kommen sein, daß er hätte einen Löffel müssen aufheben und eine Schüssel zutreten."

„Es ist ein weiser, verständiger, geschickter und feiner Herr gewesen, der allem Gepränge und Heuchelei und Gleißnerei sehr feind gewesen; — er war auch ein züchtiger Herr." — „Er war recht ein Vater des Vaterlandes, konnte Keller und Böden füllen, daß er noch große Gruben dazu ließ machen und mit Getreide füllen und verbaute jährlich in 12000 Gulden. Dennoch hat er Gelds genug, denn er war selber Schösser" — „Er hat eingesammelt mit Scheffeln und ausgegeben mit Löffeln."

Mit edler Entrüstung nimmt er seinen Kurfürsten gegen den von Herzog Heinrich von Braunschweig wider ihn erhobenen Vorwurf der Trunksucht in Schutz, ohne zu leugnen, daß sein gnädiger Herr, der Unsitte der Zeit folgend, einmal gelegentlich des Guten zu viel thue.

„Erstlich", sagt er, „kann ich das nicht entschuldigen, daß mein gnädigster Herr zu Zeiten über Tisch sonderlich mit Gästen einen Trunk zuviel thut; das wir auch nicht gern sehen, wiewohl sein Leib eines großen Trunks mächtig ist für andere. Aber das wird Hinz (auch „Teufel Heinz" und „Hans Wurst" genannt, eben der Herzog von Braunschweig) nicht beweisen, sondern muß lügen, daß er ein Trunkenbold sei, oder unordig Wesen da folge. Zu solchen hohen, großen, wichtigen, täglichen und unabläßlichen Sachen, wie sie der Kurfürst zu handeln hat, ist kein Trunkenbold geschickt."

In seiner tief ergreifenden Leichenrede auf diesen Fürsten, dessen Huld und Gnade gegen seine Person er stets dankbar gewürdigt und dessen Bedeutung für seine Sache er mit klarem Blicke erkannt hat, sieht er es als ein böses Zeichen an, daß dieser friedsame Mann und Regent, dieses stille Haupt, gerade zu einer Zeit, wo das ganze Deutschland in Aufruhr steht (Friedrich starb ja zur Zeit des Bauernkrieges), hinweggenommen wird[84]).

Der Leibarzt Friedrichs des Weisen, Dr. Kromer, sagt von seinem Ende, welches das eines wahrhaft frommen Christen gewesen ist, mit Beziehung sowohl auf seinen Namen Friedrich, als auch die Unruhen, die zu seiner Zeit begonnen hatten: Fuit filius pacis, ideo pacifice obiit, zu deutsch: Er war ein Sohn des Friedens, darum ist er in Frieden entschlafen.

Auch die Bauern hatten auf ihn, auf den so vieler Augen mit Liebe und Vertrauen geblickt hatten, die Hoffnnng gesetzt, daß er ihren gerechten Beschwerden Abhilfe schaffen würde. Herzog Friedrich von Sachsen, schreibt einer ihrer Führer, der ein Vater aller Evangelischen gewesen, ist Todes verschieden. Mit ihm ist, meines Erachtens, ein großer Trost unsres Teils gefallen.[85])

Johann den Beständigen, (1525—32), welchem Luther persönlich weit näher stand, als er Friedrich dem Weisen gestanden hatte, erkennt er seiner Beständigkeit wegen gebührend an.

„Zu Augsburg", so schreibt er von ihm, „hat er den heiligen Geist gehabt, da er die Predigt auf Befehl des Kaisers nicht unterlassen wollte, sondern ließ das Evangelium daselbst für und für predigen, ungeachtet des kaiserlichen Mandats. Denn Ihre Kurfürstliche Gnaden fürwendete, sie könnte des göttlichen Wortes ja so wenig entbehren als des Essens und Trinkens."

Luther selbst hat ihn zu größerer Vorsicht in der fremden Stadt, in welcher er doch nicht zu befehlen habe, gemahnt.

An einer andern Stelle erzählt er von ihm, daß er „sich an keine Dräuung gekehrt und von der wahren Religion und göttlichem Worte nicht eines Fingers breit abweichen wollen, ob er wohl derhalben in großer Gefährlichkeit gewesen. Ihre Theologen hat S. K. G. oft trösten lassen und zu den Räten gesprochen: Saget meinen Gelehrten, daß sie thun, was recht ist, Gott zu Lob und Ehren, und mich oder mein Land und Leute nicht ansehen."

Und in der Leichenrede auf ihn bezeugt er, auf den größten Tag im Leben dieses Fürsten zurückschauend:

„Ihr wisset, wie er, Christo nach, vor zwei Jahren zu Augsburg gestorben und den rechten Tod gelitten hat, nicht für sich allein, sondern für uns alle, da er alle bösen Suppen und Gift hat müssen aussessen, die ihm der Teufel eingeschenkt hat. Da hat unser lieber Kurfürst Christi Tod und Auferstehung vor der ganzen Welt öffentlich bekennet und ist darauf blieben, hat Land und Leute, ja seinen eignen Leib und Leben daran gesetzt. In Gottes Wort hat er fleißig gehandelt. Er hat sechs Edelknaben bei sich in der Kammer gehabt, welche auf seinen Leib gewartet haben. Diese haben ihm alle Tage sechs Stunden in der Bibel lesen müssen, da er fleißig zugehört. Und ob S. K. G. wohl darüber oft entschlafen, so hat er doch, wenn er aufgewacht ist, irgend einen schönen Spruch aus der Bibel gemerkt und gehalten. S. K. G. haben auch gepflogen, in der Predigt Schreibtafeln bei sich zu haben, um die Predigt mit eigner Hand aus des Predigers Mund nachzuschreiben."

Luther lobt seine treffliche Geduld und Langmütigkeit, da er sich nicht bewegen ließ den Ungehorsam seiner Leute, hoffete und wartete allezeit. Als die Bauern wider die Edelleute in seinem Fürstentume aufstanden, hat er gesagt: „Will mich mein Gott lassen bleiben einen Fürsten, wie ich bisher gewesen bin, so geschehe sein Wille! Ich kann auch ein andrer Mann sein!"

In dieser Hinsicht, nämlich in bezug auf Geduld und Sanftmut ist er unserm Luther zu weit gegangen, welcher es gern gesehen hätte, wenn er den Amtleuten schärfer auf die Finger gesehen hätte, sowie es Friedrich der Weise gethan hatte, der überhaupt nach Luthers Ansicht doch noch mehr Herrschergabe besessen hat. Beide miteinander vergleichend, sagt Luther: „In unserm Fürsten (Johann) ist eine große Frömmigkeit und Gütigkeit gewesen, in Herzog Friedrichen große Weisheit und

Verstand. Wenn die zween Fürsten wären eine Person gewesen, so wäre es ein groß Wunderwerk."⁸⁶)

Über Johann Friedrich den Großmütigen urteilt er folgendermaßen:

„Wahrlich, wir haben einen Fürsten mit vielen feinen Gaben von Gott begnadet. Er hat einen züchtigen Mund, man hört kein unhübsch noch unehrlich und unzüchtig Wort, noch Fluchen von ihm; hat Gottes Wort lieb, desgleichen Kirchen und Schulen; trägt eine große, schwere Last und die allein; hält Treu und Glauben, was er zusaget, und beginnt itzt denen vom Adel auf die Garen zu sehen, merkt, womit sie umgehen und was sie im Sinne haben. Neulich hat er einem auch seiner Räte Urlaub geben, der mußte von Stund an vom Hofe ziehen darum, daß er wider fürstlichen Befehl gethan und dem Hofmarschall böse, unnütze Worte gegeben hatte. Er sähe es gerne gut mit allem; er kann's aber nicht alles wenden noch bald ändern. Einen Mangel hat er, daß er gern bauet und trinkt, wiewohl ein solcher großer Leib*) will etwas mehr haben denn ein kleiner; und wie man sagt, ehe er die Wände begeußet, so wäre ich woll. Sonst arbeitet er wie ein Esel. Doch er habe getrunken, wie er will, auch wenn er gleich frembde Gäste gehabt, so lieset er allweg, ehe er schlafen gehet, zuvor etwas, sonderlich in der heiligen Schrift. Wenn wir nicht fleißig für ihn bitten, so wären wir nicht fromm. Er hat über andre Unkost, die groß und schwer sind, tausend Gülden jährlich der Universität zugelegt und Zinse gegeben. Der Pfarrherr hat jährlich zweihundert Gülden und sechzig Scheffel Getraidig, so hat ihm der Fürst noch sechzig Gülden Zulag gethan, von wegen der Lektur."

Auch anderwärts rühmt er sein „fürstlich Gemüt, daß er nicht seinen eignen Nutzen suchet, sondern von geistlichen Gütern arme Pfarrherrn, Studenten und Schulmeister ernährt. Denn S. K. G. merken, daß er Pfarrherrn bedürfen würde, die seine Unterthanen in Gottes Wort unterweisen möchten." „Er ist

---

*) Soll doch einer seiner Stiefeln so groß gewesen sein, daß zwei spanische Soldaten darin Platz gehabt hätten!

ein frommer, gottesfürchtiger und keuscher Ehemann." „Den Lügen und Unzucht war er überaus gram, hat bisher durch die Finger gesehen und etwas geschehen lassen in seinem Ampte, ich hoffe aber, er werde nu aufwachen." „Herzog Johann Friedrich, Kurfürst zu Sachsen ist von Natur zornig; er kann aber seinen Zorn und Sinn brechen, daß es Wunder ist; ist Deutschlands Heil, ein gottfürchtiger und verständiger Fürst, er hat seine fünf Sinne, Gott erhalte ihn lange Zeit."[87])

Die heldenmütige Tapferkeit, welche er in der verhängnisvollen Schlacht bei Mühlberg an den Tag gelegt hat, hat sein Gegner, Erzherzog Ferdinand, anerkannt, indem er gesagt hat: „Hätten alle gefochten wie der Kurfürst, so wäre er schwerlich geschlagen und gefangen worden."[88])

Melanchthon sagt von ihm: „Die Bekenntnis und Beständigkeit Herzog Johann Friedrichs hat unsrer Kirche mehr gefrommt, als vielleicht die Viktoria hätte dienen mögen, da ohne Zweifel die Bundesgenossen untereinander selbst uneinig geworden wären." Die Kirche hat ihm den wohlverdienten Ehrentitel verliehen: „Johann Friedrich von Gottes Gnade, erwählter Märtyrer Jesu Christi, Herzog der Verfolgten, Fürst der Bekenner des Glaubens, Gefährte der Wahrheit, Fähnrich des heiligen Kreuzes, Exempel der Geduld und Standhaftigkeit, Erbherr des ewigen Lebens!"[89])

Daß sich über Herzog Georgs Verhalten bei Luther sehr absprechende Urteile finden, kann nicht wunder nehmen. Hingegen hat er seiner persönlichen Trefflichkeit Gerechtigkeit widerfahren lassen. Denn er hat, wie erzählt wird, von ihm gesagt: „Er hat viel schöne Tugenden und ist geschickter zum Regieren, denn mancher fromme Regent"; und: „Es hat mich geschmerzt, daß dieser treffliche und fromme Fürst sich dermaßen eintreiben läßt von seiner Umgebung, den ich ja doch als einen solchen anerkannt und erfahren habe, daß er fast wohl fürstlich redte, wenn er seines Herzens Sprache redte."[90]) Dies geht hauptsächlich auf Hieronymus Emser, den „Bock zu Dresden", und auf Cäsar Pflugk, den Kanzler Georgs. Seine Regierung galt im ganzen Reiche für musterhaft; auch zu Luther hat einmal jemand in Wittenberg gesagt: „Herzog Georg hält gut Regiment, ist ein feiner, weiser Fürst, der wohl regiert."[91])

Luther selbst erkennt seine gute Staatshaushaltung an, wie aus dem sogleich folgenden Zeugnisse über Herzog Heinrich ersichtlich ist. Von diesem sagt er:

„Er ist ein frommer und beständiger Fürst gewesen. Denn als Herzog Georg zu ihm nach Freiberg schickte und ihm anzeigen ließ, wollt' er das Evangelium fahren lassen, so wolle er ihn zum Erben seiner Lande und Leute machen, sonst wollt' er dem Kaiser und andern Leuten im Testament das Land bescheiden. Zu dem hat Herzog Heinrich geantwortet: ‚Bei Maria! (welches S. F. G. Sprichwort gewesen) ehe denn ich dies thun wollt' und meinen Christum verleugnen, so wollt' ich mit meiner Käthe lieber an einem Stäblin betteln aus dem Lande gehen.' Und ist bei Gottes Wort beständig geblieben, hat auch kurz hernach das Meißnerland ererbet. Es hat sein Bruder Herzog Georg sein getreuer Vormund sein müssen und ihm Reichtum erwerben und ersparen und ihn zum reichen Fürsten machen. Also ehrt Gott diejenigen, so ihn ehren und bekennen."

Von seinem seligen Ende berichtet er:

„Da dieser löbliche fromme Fürst hatte sterben sollen, und man S. F. G. viel vom Herrn Christo hatte fürgesagt und S. F. G. gefragt, ob er auch auf denselben sterben wollt? da hat er geantwortet: Ich halt's wohl, ich werde keinen besseren Prokuratorn bekommen mögen als eben den."[92])

Der hochinteressante, schwer zu beurteilende Charakter des Kurfürsten Moritz (1547—53) ist von Kaiser Karl V.

nicht richtig veranschlagt worden, insofern dieser ihn zwar gern benutzen wollte, aber ihn für einen rücksichtslos zufahrenden Jüngling hielt, von welchem ein alter Politiker nichts zu fürchten habe. Auch der venezianische Gesandte Navagero nennt ihn, wie Albrecht von Brandenburg, einen beherzten Jüngling, aber ohne Besonnenheit und so stolz, daß er weder in der That noch zum Scheine gehorsam sein wollte. Hingegen setzt Melanchthon große Hoffnung auf ihn, denn er sagt von ihm: „Es leuchtet in Herzog Moritz eine herrliche Anlage zur Tugend, und wenn ich über die Deutschland drohenden Gefahren nachdenke, so scheint es mir, als ob dieser Jüngling einmal ein Schutz für ganz Deutschland werden würde." Johann Friedrich hat sich und ihn geehrt durch das Wort: „Ich habe die beste Ursache, ihm gram zu sein, aber er war ein ungemeiner und hoch wunderbarer Mann." Als er bereits über ein halbes Jahrhundert im Grabe ruhte, hat Gustav Adolf nach ihm geseufzt: „Wollte Gott, daß ein Mauritius da wäre!"[83])

Sein Bruder und Nachfolger August (1553—86) hat den Namen „Vater August", unter welchem das sächsische Volk ihn kennt, dadurch in vollem Maße verdient, daß er für alles, was unter das Ministerium des Innern gehört, in der vortrefflichsten Weise sorgte. Durch ihn ist Sachsen in der That ein Musterstaat geworden, den die übrigen deutschen Fürsten, gern oder ungern, als solchen dadurch anerkannten, daß sie um Mitteilung der in Sachsen erlassenen Gesetze und Verordnungen baten. Daß sein Segen heute noch an den inneren Einrichtungen unsres Staates zu merken ist, wollen wir dankbar bekennen. Der gleichzeitige französische Geschichtschreiber de Thou (Thuanus) nennt ihn, richtig, wenn auch zu allgemein: Conciliator et moderator imperii (d. h. des Deutschen Reichs).

Was nun die Mutter Anna betrifft, ohne welche man sich Vater August nicht denken kann, so hat Dr. Peucer, der im sogenannten philippistischen Streite bekannt gewordene Schwiegersohn Melanchthons, in einem ganz vertraulichen Briefe, der aber leider dem Kurfürsten in die Hände kam, über sie geäußert: „Hätten wir Mutter Annen, so sollt' es nicht not haben, den Herrn wollten wir auch bald kriegen." Zu weit größerer Ehre gereicht es ihr, daß sie auf anderm Gebiete, im Hauswesen nämlich und in der Wirtschaft, das Regiment führte, wie es ihr jene Magd auf dem Ostravor=werke bei Dresden unabsichtlich bezeugte, welche ihrem Un=willen über die strenge Beaufsichtigung durch die gnädige Frau dieser selbst gegenüber, ohne zu wissen, wer sie war, Luft ge=macht hat. Der ganze komische Vorgang ist dichterisch be=handelt worden. Sie lebt in der Erinnerung des gesamten Volkes als das Vorbild einer Hausfrau fort.

Auf Christian I. (1586—91), welcher wegen der Pracht seines Hofes allgemeines Aufsehen erregte, folgte Christian II. (1591—1611), über dessen auch für die damalige Zeit unge=wöhnliche Leistungen im Trinken sich Daniel Eremita in seiner Reise durch Deutschland mit mißbilligendem Staunen ausspricht; der aber von seinen Zeitgenossen seiner natürlichen Gutmütig=keit wegen das gute fromme Herz genannt ward.

Wenn über Johann Georg I. (1611—56) der Franzose Feuquières an seinen Herrn, Ludwig XIV., mit frecher Gering=schätzung schreibt:

Das Fürstenhaus.

„Der Kurfürst von Sachsen gilt in der öffentlichen Meinung und bei verständnisvollen Fürsten als ein Fürst, der seine Achtung verloren hat, da er immer nur der Ruhe oder seinem Vergnügen lebt, dem Laster ergeben und unfähig ist, wichtigen Angelegenheiten im Kriege oder im Frieden vorzustehen",

so spricht sich viel besonnener und gerechter der gleichzeitige schwedisch-brandenburgische Staatsmann Pufendorf dahin über ihn aus, daß er zwar aufrichtig und rechtschaffen, aber leicht zu lenken und in verwickelte Angelegenheiten sich einzulassen nicht fähig gewesen sei und den Krieg leicht überdrüssig bekommen habe, da er sich im höheren Alter nach seinen Jagdvergnügungen und nach seiner Ruhe gesehnt und Frieden um jeden Preis gewünscht habe. Und sein Hofprediger Weller rühmt an ihm, daß er nicht nur Witwen und Waisen, sondern unzähligen andern Bedürftigen Wohlthaten erwiesen habe (wobei er wohl auch mißbraucht worden sei) und daß er nach der Jagd und vor der Tafel immer noch die eingebrachten Suppliken halb vortragen und expedieren lassen."[94])

Daß Johann Georg II. (1656—80) anfing, Dresden zu einer schönen Stadt zu machen, ward schon oben Seite 28 erwähnt. Johann Georg III. (1680—91) heißt mit Recht der sächsische Mars, denn er hat die Ehre des Deutschen Reiches gegen die Türken und die Franzosen, welche damals zur Vernichtung des Deutschen Reichs einander in die Hände arbeiteten, mit Heldenmut und gegen die ersteren mit glänzendem Erfolge verteidigt. In der Geschichte des sächsischen Kriegswesens ist er als Gründer des stehenden Heeres von höchster Bedeutung. Darum ist es auch zu bedauern, daß bei der Herstellung der St. Thomaskirche in Leipzig der ihm zu Ehren errichtete

Vorbau vor der kurfürstlichen Kapelle, wie Kanzel und Altar dem Streben nach strenger Reinheit des Stiles zum Opfer hat fallen müssen.

Johann Georg IV. (1691—94) rühmen seine Zeitgenossen als einen Fürsten von Geist, Kraft und Bildung, der besonders durch seine Geschäftsgewandtheit seine geheimen Räte oft zu Paaren getrieben, sie examiniert, und wo einer etwa geschlegelt hatte, ihn auf so empfindliche Weise durchzuziehen gewußt habe, daß sie alle sich vor ihm fürchteten. Allein es ist bekannt, daß bei seiner verhängnisvollen Neigung zu Sibylla von Neidschütz, welche man seinerzeit nur aus Bezauberung erklären zu können glaubte, seine Gaben sich nicht entwickeln konnten.

Was August des Starken (1694—1733) Leumund betrifft, so ist seine Persönlichkeit eine so allgemein bekannte, daß sie schon bei der Nennung seines Namens jedem lebendig vor die Augen tritt. Hier möge nur einiges wenige zu seinen gunsten angeführt werden. Zunächst ist das gewiß, daß polnische Schriftsteller einen viel zu großen Teil der Schuld am Niedergange der polnischen Republik ihm zuschreiben, um ihre Landsleute zu entschuldigen. So ist es eine Unwahrheit, daß er den Einfluß der fremden Mächte, namentlich Rußlands, auf Polens Schicksale begünstigt habe, während die Polen eben bestrebt gewesen wären, sich von demselben loszumachen.[95]) Von den großen Wohlthaten, welche die sächsischen Fürsten dem polnischen Reiche erwiesen haben, weiß die Geschichtschreibung dieses Volkes nichts; wenigstens habe ich nirgends einen Anklang daran finden können, daß, wie mir einmal ein Pole erzählte, die sächsische Zeit in der Erinnerung des Volkes als eine gute

Das Fürstenhaus. 93

fortlebe (sasky czas, dobry czas); nur Bezeichnungen wie sächsischer Palast (sasky palac) und sächsischer Garten (sasky ogród) sind für den Besucher Warschaus stumme Zeugen davon, was einst mit sächsischen Mitteln in Polen geschaffen worden ist.

Denselben Vorwurf wie gegen August II. erhebt die polnische Geschichtschreibung gegen August III. (1733—63) mit demselben Rechte, beziehentlich Unrechte; nur daß sie ihm sowohl den Mut als auch den Geist seines Vaters abspricht. Geradezu weltbekannt ward, wie kaum erwähnt zu werden braucht, unter ihnen Dresden durch den Glanz der Hofhaltung, welcher aus allen Ländern der Erde große Scharen von meistens wohlhabenden Fremden anzog.

Der mehrfach angeführte Baron von Loen schreibt, nachdem er Dresden kennen gelernt hat: „Ich beschreibe hier den prächtigsten und galantesten Hof von der Welt; man muß mir das letzte Wort im Deutschen gelten lassen, denn es ist in Sachsen sehr üblich, und ich finde auch sonst keines in allen mir bekannten Sprachen, welches dasjenige besser ausdrücken sollte, was ich hier sagen will: es bedeutet solches soviel als ein lebhaftes, artiges Wesen, das gefällt und rührt, das sich der Sinne bemächtigt und den Witz gebraucht, um desto empfindlicher wollüstig zu sein." Allein auch auf viel ernster gerichtete Männer übte dieser Hof mit seinen Festen, bei welchen die Teilnahme des Volkes mit großer Leutseligkeit gestattet ward, einen Zauber aus, dem sie sich nicht entziehen konnten. So schreibt Gottsched 1751, nachdem er den Dresdener Karneval mitgemacht hat:

94 Das Fürstenhaus.

„Nun hab' ich's selbst geseh'n, nun weiß ich, wie es ist,
Mein König, wenn dein Volk des Kummers ganz vergißt;
Indem es voller Luft nach deinen Zimmern eilet
Und da die Faftnachtsluft mit deinem Hofe teilet. —
Es ist dir nicht genug, daß nur der Adel blüht,
Der Handelsmann Gewinn aus dem Gewerbe zieht,
Nein, deine Gnade geht bis auf die Lustbarkeit,
Der Unterthan genießt bei dir die gold'ne Zeit,
Darin Saturn regiert.....
So, König, ist dein Schloß, wo alle Freiheit blühet,
Von dessen Schwelle uns kein Wächter rückwärts ziehet,
Wo Fürst und Edelmann und Bürger sich vermengt,
Wohin der Pöbel selbst sich nicht vergebens drängt.
Gepriefnes Sachsenland, erkenne doch dein Glück
Und sieh die Faftnachtsluft mit einem schärfern Blick."

Dies ist durchaus nicht eitel Schmeichelei, sondern es gibt die öffentliche Meinung so wieder, wie sie zum Glück für das Volk damals wirklich war. Die günstige Nachwirkung dieser Zeit ist insofern heute noch zu spüren, als die „sächsische Höflichkeit", der Sinn für gute Umgangsform, das freundliche und verbindliche Wesen damals vom Hofe aus dem Volksleben sich mitgeteilt hat und geistiges Eigentum desselben geblieben ist.

Über Friedrich Christian, der nur zwei Monate im Jahre 1763 regierte, spricht der Engländer Wraxall, welcher die Höfe von Berlin, Dresden u. f. w. kennen gelernt hat, sehr anerkennend.

Über Friedrich August den Gerechten (1763—1827), welcher seinen ehrenvollen Beinamen durch seine strenge Rechtlichkeit im vollen Maße verdient hat, urteilt der Franzose Mirabeau in seiner geheimen Geschichte:

„Der Kurfürst ist nicht so, wie Fürsten gewöhnlich sind. Er scheint etwas von dem Könige von England zu haben, sein Geist ist konsequent,

Das Fürstenhaus.

mit einem Hange zum Eigensinn. Er spricht deutlich und bestimmt, aber mit scharfer Fistelstimme. Seine Kleidung wie sein Gesicht scheinen anzuzeigen, daß er fromm und freundlich, aber arbeitsam und unversöhnlich (active et implacable) ist. Wie wenig anmutvoll er auch auf diese Weise erscheinen mag, so ist er doch ein in sehr vieler Hinsicht achtungs- und ehrenwerter Fürst. Seit 1763 haben sein aufrichtiger Wille, das Gute zu thun, seine wunderbare Sparsamkeit, seine unermüdliche Arbeitskraft, seine Bedürfnislosigkeit, seine Ausdauer niemals versagt. Langsam, aber nicht unentschlossen, peinlich in der Arbeit, aber einsichtsvoll, weniger dazu ausgestattet, sogleich auf den ersten Blick das Richtige zu erfassen, aber dafür zum Nachdenken geneigt, hat er keine Schwäche als die Frömmigkeit; aber auch diese treibt er nicht so weit, daß er sich darüber seiner Rechte begäbe oder seine Pflichten vernachläßigte.*) Einen Schritt darüber hinaus, und er würde ein Frömmler sein; thäte er weniger, würde er nicht mehr fromm sein. Er ist sehr besorgt, daß sein Beichtvater Herz keinen Einfluß gewinne, wäre es nur bei Besetzung einer Kammerdienerstelle. Der Kurfürst vertritt seine Diener gegen jedermann mit einer seltenen Festigkeit. Mit einem Worte, dieses Land würde ohne ihn verloren sein, und wenn er das Glück hat, den Frieden dauern zu sehen, wird er es sehr blühend machen."**)

Dies Urteil, welches am Anfange seiner 64jährigen Regierung gefällt ward, ist durch diese bestätigt worden. Wir müssen, abgesehen davon, daß wir wärmer von ihm reden als es der französische Staatsmann gethan hat, doch im ganzen zugestehen, daß er mit scharfem Blicke sein Wesen erkannt hat. Auch der preußische Gesandte Lucchesini, der zu ihm in einem politischen Gegensatze stand, wie er schärfer kaum gedacht werden kann, bestätigt seine unerschütterliche Legalität.

---

*) Bei seinen Beamten hatte dies zur Folge, daß sie zwar hinsichtlich der unbestechlichen Treue den preußischen gleich standen, aber ein etwas umständliches Verfahren liebten, welches der preußische Gesandte von Götzen einmal als „sächsische Timidität und gewohnte Langsamkeit und Formalität" bezeichnet.

Hingegen ist es bedeutungslos, daß Napoleon ihn persönlich sehr hochgeachtet hat — er hat ihn doch geringschätzig behandelt — und daß Talleyrand 1806, um durch Schmeichelei die sächsische Regierung zum Anschluß an Frankreich zu bestimmen und dadurch Preußen zu vereinzeln, zum sächsischen Gesandten in Paris, dem Grafen Senfft, sagte: „Ihre Regierung, Ihr Souverän ist weise, und alles, was er thut, wird gut sein in den Augen des Kaisers, möge nun Sachsen zum nordischen Bunde oder in den Rheinbund treten oder der Kurfürst, ohne einer Verbindung sich anzuschließen, sich zum Könige erklären — er ist groß genug, um allein zu bleiben!"

Seinen Nachfolger, den König Anton (1827—36), hat die Volksstimme den Gütigen genannt, und daran recht gehabt. Zu gütig erscheint er dem zu seiner Zeit die staatlichen Verhältnisse Deutschlands leitenden österreichischen Kanzler Metternich, welcher ihm durch den Grafen Colloredo, der 1830 österreichischer Gesandter in Dresden war, eine scharfe Zurechtweisung dafür, daß er der Bewegung von 1830 in seinen Landen nicht entschiedener entgegengetreten sei, zu teil werden läßt. Der Wortlaut derselben ist im höchsten Grade bezeichnend dafür, was Metternich sich einem kleineren Bundesfürsten gegenüber erlauben zu dürfen glaubte.

Er schreibt nämlich: „Der Inhalt (von Ew. Hochgeboren Bericht über die Vorkommnisse in Leipzig und Dresden 1830) ist von der bedauerlichsten Art. Es ist schon lange her, daß Seine kaiserlich königliche Majestät die Leichtigkeit zu bedauern Ursache hatten, mit welcher die dortige Regierung dem Aufkeimen leidiger Symptome der Bearbeitung des Volksgeistes die Hand geboten hat. Kein deutscher Staat konnte ein besseres, dem regierenden Hause ergebeneres Volk aufweisen, als der königlich sächsische; kein Staat war seinerseits mehr mit väterlichen Regenten gesegnet, als eben

Das Fürstenhaus.

dieser Staat. Daß sich Ereignisse wie die gegenwärtigen ergeben konnten, würde unerklärlich sein, wenn es nicht deutlich vor Augen läge, daß die Regierung das, was vorging, nicht beachtete und demnach am Tage des Ausbruchs völlig unvorbereitet war. — Unter den Ereignissen unsrer verhängnisvollen Zeit könnten wir uns kaum eins denken, welches in seiner Veranlassung leichter und in der Folge schwerer sein könnte. Von jeher gewöhnt, das Königreich Sachsen, Regierung und Volk, als ein Muster deutscher Sitte zu betrachten, wie ungedeihlich müssen uns nicht die Folgen von Begebenheiten erscheinen, welche in Ursprung und Form das reine Nachbild der Ereignisse in fremden Staaten sind, deren Geschichte und Volksgeist so wesentlich von dem deutsch vaterländischen abweicht? Welches Beispiel liefert nicht Sachsen andern deutschen Stämmen? — Sachsen steht im deutschen Bundesverbande, und der Bund ist zu bestimmten Zwecken geschlossen; außerdem teilen Österreich und Sachsen eine lange Grenze. Se. Majestät wollen und können nicht als möglich betrachten, daß die königliche Regierung sich Gesetze durch einen aufgeregten Pöbel oder durch irregeführte Bürger vorschreiben lasse. Wenn auch im ersten Augenblicke des Aufstandes alle Maßregeln der Hilfe verfehlt wurden, so läßt sich doch nicht denken, daß diese Hilflosigkeit von Dauer sein sollte, und wir glauben uns vollkommen berechtigt, die Frage, welchen ferneren Gang die königliche Regierung einzuhalten gedenke, an einen nahe befreundeten Staat zu stellen." [97])

Ebenso macht Metternich, als 1845 am 12. August in Leipzig die Unruhen ausbrachen, welche die Revolution von 1848 vorbereiteten, die Regierung Friedrich Augusts II. (seit 1830 Mitregent, seit 1836 Alleinherrscher bis 1854) dafür verantwortlich. Denn er sagt in einem Vortrage, welchen er am 22. August zu Johannisberg dem Erzherzog Ludwig hält:

„Diese Leipziger Ereignisse sind das unvermeidliche Produkt des sich im Königreich Sachsen seit Jahren gesammelt habenden Giftstoffes. Sie haben zu Leipzig stattgefunden, weil an keinem Orte dieser Stoff in gedrängterer Masse lag. Der Stoff ist der der gemeinen Krankheit der Zeit, welcher zu Leipzig aber in seiner gediegensten Kraft durch die Presse und die Ungebundenheit derselben auftritt." [98])

Wir wissen es besser als der seiner Zeit allmächtige österreichische Staatsmann, was wir an König Friedrich August gehabt haben. Sehr richtig und schön spricht dies der oft angeführte vortreffliche sächsische Geschichtschreiber Flathe in den Worten aus: „Als der Trauerzug die Leiche des bei Brennbüchel durch einen Sturz aus dem Wagen verunglückten Königs nach der Heimat brachte, war die Trauer des Landes allgemein und ungeheuchelt; selbst die Gegner des von König Friedrich August in den letzten Jahren befolgten politischen Systems gedachten dankbar der Segnungen, die Sachsen unter seiner Regierung genossen, mehr aber noch als seiner Regententugenden der menschlich schönen Eigenschaften, der Herzenslauterkeit und des menschenfreundlichen Sinnes, die ihn zierten und die ihm ein bleibendes Ehrengedächtnis bei der Nachwelt sichern." [99])

Sein Nachfolger, König Johann (1854—73), hat schon als Knabe durch seinen lebhaften Sinn für Wissenschaft und Kunst es ahnen lassen, daß er einmal ein „Professor unter den Fürsten" werden würde. Ganz entzückt schreibt Jean Paul über ihn im Jahre 1822, nachdem er dem 21jährigen Prinzen vorgestellt worden war.

„Die Welt muß einem immer lieber werden, da es darin Prinzen von solchem Geiste, solchen Kenntnissen und Gesinnungen gibt, wie ich heute einen kennen und lieben gelernt habe." [100])

Dieser weissagenden Huldigung lassen sich unzählige solche hinzufügen, welche beweisen, daß durch König Johanns Lebensentwickelung erfüllt ward, was sein Lebensanfang versprach. Es ist bekannt, daß Friedrich Wilhelm IV. von Preußen es

Das Fürstenhaus.

oft bezeugt hat, welchen Wert die mit König Johann 1826 in Leipzig geschlossene Freundschaft wegen der mannigfachen wissenschaftlichen Anregung, welche er aus ihr schöpfte, für ihn gehabt hat; nennt doch der später ziemlich vereinsamte Fürst dieselbe eine der schönsten Blüten seines Lebens.

Allein auch von strengen Fachmännern, wie von dem Sprachforscher Wilhelm von Humboldt, dem Petrarcaübersetzer Karl Förster und vor allem von Danteforschern hat er eine Anzahl von Anerkennungen erhalten, aus welchen hier der Kürze wegen nur eine, die des sowohl durch große Gelehrsamkeit als durch edle Persönlichkeit ausgezeichneten Amerikaners Ticknor, mit welchem König Johann in Danteangelegenheiten stets lebhaften Verkehr gehabt hat, Platz finden soll. Er schreibt:

"Tieck las höchst bewundernswert fünf Gesänge aus der noch nicht veröffentlichten Übersetzung des Fegefeuers vom Prinzen Johann vor (in einer Abendgesellschaft bei demselben). Wir übrigen sahen den Originaltext durch, und am Ende eines jeden Gesanges wurden Bemerkungen über die Übersetzung gemacht. Dabei wurde jedoch nicht ein Wort der Höflichkeit gewechselt oder die kleinste Schmeichelei angebracht. Die Übersetzung jedoch war so angemessen als irgend etwas dieser Art wohl sein kann und im allgemeinen, wie ich nicht zweifle, höchst treu und genau." — "Es that mir leid (nach einem Mittagessen bei Prinz Johann), ihn zu verlassen, denn wenn ich auch noch mehr Fürsten in Europa sehen sollte, würde ich doch keinen so guten Gelehrten und wenige so vollkommen achtungswert im ganzen Charakter, im öffentlichen wie im Privatleben finden."

Für sein Volk ist er selbstverständlich unendlich mehr als der Professor unter den Fürsten, nämlich ein Landesfürst nach der Weise Vater Augusts, der mit persönlicher Fürsorglichkeit an allen Angelegenheiten des Staatslebens teilnahm. Wer daher — wie der Verfasser dieses Schriftchens — selbst dabei gewesen ist, als König Johann einer lateinischen Unterrichtsstunde auf der Meißner Fürstenschule beiwohnte, der stimmt dem langjährigen treuen Staatsdiener König Johanns, Sr. Erzellenz dem Freiherrn J. P. von Falkenstein, bei, welcher in der 1878 veröffentlichten Darstellung seines Lebens sagt:

„Mit seinen Reisen im Lande hat er weit mehr Segen gebracht, als er in seiner Bescheidenheit und Einfachheit ahnte, so daß wir diese Reisen, bei welchen sich die ganze Liebenswürdigkeit seines Charakters offenbarte und zugleich sein scharfer richtiger Blick kund gab, zu den wichtigsten Momenten seiner Regierung zählen müssen. Noch jetzt kann man an gar vielen Orten von der Zeit, von dem Tage, von den Stunden erzählen hören, die der König daselbst zugebracht hat, und alle diese Erzählungen gipfeln in der Bewunderung seiner Kenntnisse, seiner raschen Auffassung, seiner schlichten Liebenswürdigkeit, seiner Freundlichkeit, insbesondere auch gegen Kinder in den Schulen, und geben Zeugnis von dem wichtigen Einflusse, den seine Persönlichkeit, sein Lob wie sein Tadel und seine Mahnungen ausgeübt haben.

„Ohne alle Übertreibung kann man behaupten, daß der König zu den Verstorbenen gehört, deren Leben gleichsam noch fortdauert, sein früheres Wirken greift offenbar durch die Rückwirkungen, welche es hervorgerufen hat, unmittelbar noch in die Gegenwart ein."[101])

Bei dieser angelangt, haben wir als den 37. Wettiner, der seit Heinrich von Eilenburg über das jetzt Königreich Sachsen genannte Land herrscht, unsern innig geliebten König Albert zu nennen, der 1873 seinem Vater in der Regierung nach= folgte. Von ihm ist es bekannt, daß er den guten Leumund der Sachsen nicht nur zu erhalten, sondern auch zu mehren aufs beste verstanden hat. Zwar österreichischerseits ist man 1866 ihm und seinen tapferen Truppen nicht allenthalben gerecht geworden; wohl aber hat er die verdiente Anerkennung gefunden, als er gemeinsam mit Alldeutschland im großen

Kriege gegen Frankreich das XII. kgl. sächsische Armeekorps gegen den Feind führte. Sobald er mit demselben an der Seite des preußischen Gardekorps in den bereits oben Seite 70 erwähnten großen Kampfe um St. Privat eingegriffen hatte, erkannte Graf Moltke seine hohe strategische Begabung. Hat er doch über ihn geäußert, daß es im deutschen Heere wohl viele gute Generale, aber nur einen Feldherrn gebe wie den Kronprinzen von Sachsen. Darum hat ihn Kaiser Wilhelm sogleich am 19. August zum Führer der Maasarmee ernannt, welche aus seinem eignen, nämlich dem XII., dem IV. und dem Gardekorps bestand; schon der letztere Umstand ist ein Beweis von dem unbedingten Vertrauen, welches Kaiser Wilhelm in seine Feldherrntüchtigkeit setzte. Dies Vertrauen hat er ihm bis an seinen Tod bewahrt und bei vielen Gelegenheiten öffentlich ausgesprochen; denn so oft der Kaiser mit sächsischen Unterthanen zu reden Veranlassung hatte, hat er sie daran erinnert, was für einen vortrefflichen Fürsten sie von Gott empfangen hätten; so hat es der Verfasser dieser Zeilen selbst erlebt, als er am 24. August 1875 in seiner Eigenschaft als Schriftführer im Zentralvorstand des Evangelischen Vereins der Gustav-Adolf-Stiftung mit den übrigen Mitgliedern des genannten Zentralvorstandes in Babelsberg von Kaiser Wilhelm empfangen zu werden die Ehre hatte.

Nicht minder wie von Kaiser Wilhelm I. wird unser teurer König von Wilhelm II. gewürdigt und anerkannt; ja die Beziehungen zwischen dem Berliner und dem Dresdener Hofe sind immer inniger geworden, wie es jeder Unterthan mit wahrer Herzensfreude wahrnehmen kann. Als man z. B. bei der Grundsteinlegung zum Reichsgerichtsgebäude am Reformationsfeste 1888 Kaiser Wilhelm und König Albert herzlich vereint nebeneinander stehen sah, da hatte man einen tiefen Eindruck davon, wie fein und lieblich es ist, wenn Brüder einträchtiglich bei einander wohnen. Ihr Verhältnis zu einander ist nicht nur das einer bloß äußerlichen Freundlichkeit und Höflichkeit, sondern man darf auch, ohne einen tieferen Einblick in das Staatsleben zu haben, behaupten, daß König Albert im Frieden auf wichtige Entscheidungen in Sachen des Deutschen Reiches maßgebenden Einfluß hat und für den Fall des Krieges eine ganz hervorragende Stellung einzunehmen berufen ist. Dies ist er auch wert, so sagt der Leumund, welchen er bei seinem Volke hat. Denn er leitet das Staatswesen also, daß man immer noch auswärts auf den sächsischen Staat als auf einen Musterstaat mit Bewunderung, wohl auch mit etwas Neid blickt; und das Heerwesen hat sich unter ihm, der Zeit entsprechend, derartig fortentwickelt, daß öfters auf das Vorbild unsrer Truppen als ein in jeder Hinsicht nachahmenswertes von maßgebender Seite hingewiesen worden ist.

Darum können wir zum Jubelfeste, welches wir in diesem Jahre feiern, an den innigen Dank gegen Gott dafür, daß er den guten Leumund Sachsens durch König Albert hat erhalten und gemehrt werden lassen, als unsern Herzenswunsch für die Zukunft nur den anschließen:

Gott segne den König Albert!

Anmerkungen.

1) K. F. Hofmann, Das Meißner Niederland, S. 47; übrigens ein beachtenswertes Zeugnis dafür, daß der Weinbau erst durch die Deutschen nach Meißen gebracht worden ist.
2) Daf. S. 12.
3) Daf. S. 13.
4) Daf. S. 816.
5) Flathe, Dr. Th., II. Aufl. von Böttiger, Geschichte Sachsens I., 551.
6) Hofmann a. a. O. S. 13.
7) Daniel Handbuch der Geographie III., S. 279.
8) Daf. III., S. 279 ff.
9) Hofmann a. a. O. S. 13.
10) Daniel a. a. O. IV., 506.
11) Zachariä, Der Renommist, VI. Gesang. Die Stelle lautet wörtlich:

> Da, wo vor Ranstädts Thor der krummen Pleiße (?) Wellen
> Mit stillem, sanftem Lauf an grüne Küsten schwellen,
> Liegt ein berühmter Hain, den schon die graue Zeit
> In angenehmer Nacht den Liebenden geweiht.
> Man hat den heil'gen Hain das Rosenthal genennet;
> Und welches Mädchen ist, das diesen Ort nicht kennet?
> Hier sieht auf ihrer Flut die Pleiße Gondeln geh'n,
> Die unter Spiel und Scherz und blasendem Getön
> Von dem beschilften Rand auf Gohlis freudig eilen,
> Wo den Geschmack Musik und Tanz und Kuchen teilen.
> Hier türmet sich das Grün der Eichen in die Höh',
> Dort wird der Buchen Laub zur schattigen Allee;
> Und dort sucht hellgrün Gras durch seine lichten Flächen
> Des dunklen Lindengangs Schattierungen zu brechen.

12) Tissot, Un voyage au pays des milliards, I. S. 120.
13) Staël, De l'Allemagne (Ausg. von 1835) II., S. 431 f.

104 Anmerkungen.

14) Daſ. I., S. 132.
15) Tholuck, Predigten über die Hauptſtücke des chriſtlichen Glaubens und Lebens, Bd. 1. Vorwort IX.
16) Statiſtiſche Mitteilungen und Auszüge aus den kirchlichen Jahresberichten auf das Jahr 1887 im Verordnungsblatte des evang.-luth. Landeskonſiſtoriums für das Königreich Sachſen, 1888. Nr. 11.
17) von Oettingen, Moralſtatiſtik S. 421 ff. u. Tabelle 63 f.
18) Maſſaryk, Dr., Der Selbſtmord als ſoziale Maſſenerſcheinung der modernen Zivilisation, Wien 1881, S. 44 f.
19) Körte, Die Sprichwörter und ſprichwörtlichen Redensarten der Deutſchen, Nr. 4202.
20) Förſter, „Friedrich Auguſt II., König v. Polen u. Kurfürſt v. Sachſen", S. 451.
21) von Oettingen a. a. O. Tabelle 126 u. 127.
22) Mme. de Staël, De l'Allemagne I., 131.
23) Briefe eines reiſenden Franzoſen über Deutſchland an ſeinen Bruder zu Paris, 1784; 41. Brief.
24) Shakespeare, Kaufmann von Venedig. I. Aufzug, 2. Szene.
25) Scherr, Deutſche Kultur- und Sittengeſchichte S. 299.
26) Heinr. Pröhle, Weltliche und geiſtliche Volkslieder und Volksſchauſpiele, Nr. 44.
27) Behaghel (Die deutſche Sprache, Wiſſen der Gegenwart, Bd. LIV, S. 56) findet unſre Sprache nicht ſo gar gut, da die Sachſen, wie er nicht mit Unrecht ſagt, von einer partiellen Taubheit geplagt ſind, nämlich in bezug auf den Unterſchied zwiſchen b und p, d und t; ein „typiſcher" Charakter und ein „diebiſcher" ſind für ſie vollkommen identiſch.
28) Flathe a. a. O.
29) Behaghel, Dr. O., a. a. O., S. 35 f.
30) Förſter a. a. O. 452.
31) Förſter a. a. O. 452.
32) Flathe a. a. O. II., 389 u. f.
33) Flathe a. a. O. II., 238.
34) Flathe a. a. O. II., 385.
35) Daſ. II., 395.
36) Herder in der Adraſtea I., 304, nach Flathe a. a. O. II., 315.
37) Flathe a. a. O. II., 511 f.
38) de Staël a. a. O. I., 129, und II., 153.
39) Hartmann, kurz erwähnt in Kugler, Geſchichte der Malerei III., 243, über Schick, daſ. III., 227; ausführlich Reber, Geſchichte der neueren deutſchen Kunſt, S. 133 ff.

Anmerkungen. 105

40) de Staël a. a. O. II., 155 ff.
41) Daſ. II., 51 f.
42) Daſ. I., 129 u. 131.
43) Flathe a. a. O. II., 279 f.
44) de Staël a. a. O. I., 119.
45) Daſ. II., 210.
46) Daſ. II., 516.
47) Vergl. dazu Goethe, Aus meinem Leben, Wahrheit und Dichtung, Bd. IV (der sechsbändigen Cottaschen Ausgabe) S. 89—122. Goethes Aufenthalt in Leipzig und seine Beziehungen zu dieser Stadt sind eingehend dargestellt in dem bekannten Werke des Freiherrn Woldemar von Biedermann: Goethe und Leipzig, 2 Bände, Leipzig 1863, zu welchem sehr schätzbare Ergänzungen und Berichtigungen bringt Dr. Wuſtmann, Aus Leipzigs Vergangenheit, Abtlg. Goethiana, S. 266—310.
48) Wahrheit und Dichtung, S. 110 b.
49) In seiner Rede bei der Hauptversammlung der Harmonie 1780 preist er die glorreiche wohlthätige Stadt (Verm. Schriften IV, 174).
50) Wuſtmann a. a. O. Luther in Leipzig, S. 99 u. 100.
51) Ciſſot a. a. O. I., S. 132 ff.
52) Daniel a. a. O. IV., 503.
53) Briefe eines reisenden Franzosen u. ſ. w. 41. Brief.
54) Mme. de Staël, a. a. O. I., 128 ff.
55) Dr. von Posern-Klett, Kreuzfahrer aus dem Meißnerlande, in Webers Archiv für die sächsische Geschichte, IV. Band (1866), S. 45 ff.
56) Dalimilowa Chronika česka a. t. d. od Vacaslava Hanky, V Praze 1851, 50. Gesang.
57) Ebenda Gesang 81, 103, 104. Přidavek V.
58) Rukopis Královédvorsky (ed. Kořinek), Beneš Hermanow, S. 33 ff.
59) Flathe a. a. O. I., 291 f.
60) Flathe a. a. O. I., 321.
61) L'enfant, histoire de la guerre des Hussites et du concile de Basle. I., 129.
62) L'enfant a. a. O. I., 158.
63) Palacky, Geschichte von Böhmen, 3. Band, 2. Abtlg., S. 455.
64) von Langenn, Moritz, Herzog und Kurfürst zu Sachsen, I., S. 150 ff.
65) Ebenda I., S. 175 f.
66) Schuſter u. Francke, Geschichte der sächsischen Armee, I., S. 109.
67) von Renner, Wien im Jahre 1683, S. 435.
68) Schuſter u. Francke a. a. O. I., S. 117.
69) Förſter, Friedrich Auguſt II., S. 451 f.

Anmerkungen.

70) flathe a. a. O. II., 639 f.
71) von Montbé, Die kursächsischen Cruppen im feldzuge von 1806, II., 212.
72) Schuster u. francke a. a. O. II., 282.
73) flathe a. a. O. III., 195 u. 207.
74) flathe a. a. O. II., 650 f.
75) Schuster u. francke a. a. O. III., 130.
76) fontane, Der deutsche Krieg 1866, I., 485.
77) Schuster u. francke a. a. O. III., 186, 265, 333.
78) flathe a. a. O. I., S. 87.
79) flathe a. a. O. I., 136.
80) Walter von der Vogelweide, herausg. von Bachmann S. 12.
81) Palacky, Geschichte von Böhmen, III., S. 489 ff.
82) von Langenn, Herzog Albrecht der Beherzte, S. 106 f., 175, 226, 276, 280.
83) flathe a. a O. I., 454 u. 455.
84) Luthers Werke, Erlanger Ausgabe, XXXIX,' 281, LXI, 379, 380, 382, XXVI, 56 f., XVIII, 319 ff.
85) flathe a. a. O. I., 481 u. 480.
86) Luthers Werke, Erlanger Ausgabe LVIII, 376, LIX, 40, XVIII, 365 f., LXI, 385, 383 ff.
87) Ebenda LXI, 393, 380, 391.
88) flathe a. a. O. I., 548.
89) Luther a. a. O. LXI, 393.
90) Gretschel, Kirchliche Zustände Leipzigs vor und während der Reformation, S. 204.
91) Dr. Seifert, Die Reformation in Leipzig, S. 18.
92) Luthers Werke LXI, 42.
93) flathe a. a. O. I., 583, 619, II., 147.
94) flathe a. a. O. II., 192.
95) Maleszewski, Essai historique et politique sur la Pologne. S. 55 ff. u. 308.
96) flathe a. a. O. II., 561.
97) Aus Metternichs nachgelassenen Papieren, II. Ceil, 3. Band, S. 34 ff.
98) Ebenda VII. 134.
99) flathe a. a. O. III., 705.
100) flathe a. a. O. III., 706.
101) von falkenstein, Johann, König von Sachsen, ein Charakterbild, S. 69, 96 ff., 230 f.